Gung Ho! 共好

Turn On the People in Any Organization

一种激活组织激情和能力的革命性方法

[美] 肯·布兰佳 谢尔登·鲍尔斯◎著
陈佳伟◎译

中信出版社 · CHINA CITIC PRESS · 北京 ·

图书在版编目（CIP）数据

共好/（美）布兰佳，（美）鲍尔斯著；陈佳伟译．—北京：中信出版社，2014.6（2024.7重印）
书名原文：Gung Ho!：Turn On the People in Any Organization
ISBN 978-7-5086-4421-9
I. ①共… II.①布… ②鲍… ③陈… III. ①企业管理 IV. ①F270
中国版本图书馆CIP数据核字（2014）第023401号

共好：一种激活组织激情和能力的革命性方法

著　　者：[美] 肯 · 布兰佳　[美] 谢尔登 · 鲍尔斯
译　　者：陈佳伟
策划推广：中信出版社（China CITIC Press）
出版发行：中信出版集团股份有限公司
（北京市朝阳区东三环北路27号嘉铭中心　邮编　100020）
（CITIC Publishing Group）
承 印 者：北京通州皇家印刷厂

开　　本：880mm×1230mm　1/32　　印　　张：5.25　　字　　数：59千字
版　　次：2014年6月第1版　　印　　次：2024年7月第26次印刷
京权图字：01-2013-3493
书　　号：ISBN 978-7-5086-4421-9 / F · 3131
定　　价：28.00元

服务热线：010-84849555　　服务传真：010-84849000
投稿邮箱：author@citicpub.com

纪念安迪 · 查尔斯 · 朗克罗

（1940—1994）

以及他挚爱的妻子珍

儿子罗伯特

Gung Ho!

目录

Gung Ho!
前言
佩吉·辛克莱

许下的诺言，是一笔未偿还的债……
——罗伯特·W·瑟维斯
(Robert W. Service)，
《山姆·麦吉的火葬》

星期二那天，我向安迪·朗克罗许下承诺。

我承诺，我会告诉你们，我们如何挽救了我们的企业，使之免于倒闭；我们如何以破纪录的生产率，取得了破纪录的收益；你如何才能如法炮制，激励你的全部员工，激发他们所有的潜能。但首先，我想告诉你们我为何许下这个承诺，以及本书的成书缘由。一切都始于 1994 年 6 月的沃尔顿纪念医院。

当时安迪正住在医院里。我们心知肚明，这将是我们最后一次会面，但我始终不愿承认他即将离开的事实，也不愿跟他说那些必须要说的话。于是，我故作轻松地谈论春天、棒球和生意。

我说到一半就停下了，只是因为我已没有闲话可聊。之后是一阵短暂而尴尬的沉默，至少对我而言是这样的。然后，我听到自己脱口而出。

“我爱你，安迪。”我哽咽道。

他那饱经风霜的大手缓缓地划过床单，盖在我的手上并紧紧握住，力气依旧大得惊人。

“我知道。”他说，然后补充道，“我也爱你，一如既往。”

我不知道这是他一时的情绪迸发，还是我的来访耗尽了他的所有力气，总之，他闭上了双眼。他的头安详地靠在枕头上，但我知道他没睡着，因为他依旧紧紧握住我的手，让人安心。也许，他只是用沉默在向这个时刻致敬。多年来的相处让我认识到，如果安迪长时间沉默，就表示他认为我说的话很重要，值得停顿后再慎重回答。

我们两手相握，一起坐了几分钟。安迪曾经告诉我，他的母亲教导他不要在别人刚刚沉默的时候开口，而应该等待沉默结束以后再继续。最终，安迪开口了：“今天我将离开，去和我的祖先们相聚。”他像往常一样开门见山。

我没有回答，也没有必要回答，他继续说：“你对我有恩，给了我自尊和财富。”

“哦，不，安迪，不，”我说，“是你对我和公司的所有人有恩。”

“我们做了很多事，一直同甘共苦。”安迪的语气不容争辩。

然后他补充道：“但是仍然还有很多事要做。人们还是不快乐，一进办公室，他们就感到心灰意冷。”

我轻轻地握了握安迪的手。一进办公室的门，他们就心灰意冷。千真万确。在美国，无数的灵魂死在办公室门口。

“你必须把这个故事告诉世人，并让它一代代地流传下去。”安迪停顿了一下，深吸几口气之后才继续说：“共好的故事。‘松鼠的精神’，‘海狸的方法’和‘鹅的礼物’。”

“我会的，安迪。我会的，我保证。”

“谢谢你，”他回答道，“你卸下了我最后的包袱。”

然后他补充道：“猫头鹰在呼唤我的名字了，正等着领我上路呢。我要趁着还有光的时候离开。”他看着我，微笑，他那宁静祥和的神情令我永世难忘。

“共好，朋友。”

“共好，朋友。”我回答道。

“共好”（Gung Ho）是多年来我们打招呼和道别的特殊方式。这将是我们的最后一次了。

他闭上眼睛，这次他睡着了。他的呼吸变得慢而浅。他握着我的手放松了。

我知道，不论医生说什么、做什么，安迪在这个世界上的生命将在日落前结束。他已决定离开，他说到做到。

我不知道我在他身旁坐了多久，也不知道他是何时去世的。他的灵魂平和地响应了猫头鹰的召唤，在不知不觉间完成了生与死的转换。在某个时点我意识到，他已经走了。

我把自己的手从他的手中抽离，带着夺眶而出的泪水站起来，弯下腰默默地与他吻别。

他脸上依然带着一抹微笑。

我不记得自己离开房间，也不记得叫过护士。但我记得我在离开医院的途中思考着该如何兑现我的承诺。我应该怎样讲述这个故事？“松鼠的精神”、“海狸的方法”、“鹅的礼物”，这三个引领我们走向成功的秘诀。

医院旁边的礼堂里某些活动正在散场。当我正在等红灯转绿时，我感觉有两个男人走到我身后。沉浸在思绪中的我没有听到他们的对话，但突然，其中一人说的一句话响亮而清晰地传了过来："佛家有云，当学生准备就绪，老师自会出现。"

当绿灯亮起，我开始过马路时，我想到，也许，如何兑现我承诺的答案，也会自己出现吧。

我不想回家，也不准备回公司。转角处有一家丹尼斯餐厅[①]。无事可做的我走进去点了一杯咖啡。每当我想到安迪，我就会哭泣，所以，我把心思放在我许下的承诺上，思考如何讲述那个故事。共好的故事。

安迪和猫头鹰肯定已经在旅途中休息了足够的时间，来安排我以后的巧遇，帮助我完成这个故事。

---

① 丹尼斯餐厅（Denny's），全美最大型的连锁餐厅之一。——编者注

Gung Ho!
导言
肯·布兰佳
谢尔顿·鲍尔斯

造化弄人，

机缘巧合。

来得早，

不如来得巧。

——曼利·格兰特（Manly Grant），

《精选诗集》（第二卷）

周二中午，我们在沃尔顿召开的研讨会，将会在周三早上结束。结束了第一场会议之后，我们决定到街对面的丹尼斯餐厅早点吃午餐。

由于我们合著了《顾客也疯狂》（*Raving Fans: A Revolutionary*

Approach To Customer Service)，我们发现很有必要写一本配套书：一本讲述如何将组织内的员工转化为组织内狂热粉丝的书。许多组织试图将倦怠、缺乏创见甚至心怀怨恨的员工打造成“狂热粉丝”。这个方法是注定要失败的。更糟糕的是，员工们讨厌上班，就这样浪费了一天的时光——至少有 8 小时。

我们的著作代理人玛格丽特 · 麦克布赖德和我们的编辑拉里 · 休斯对这个项目很热衷，但不包括我们预设的标题：员工也疯狂。

“这个书名太拗口了。”这是玛格丽特的评论。

“员工暴动。”拉里嘟哝道。

不过，标题还不是我们最大的问题。拼图还少一块，就像物理学家知道很多问题的答案，但是还没有可以解释万物的大统一理论。

我们对前往沃尔顿 2 号工厂的发祥地——沃尔顿充满期待。沃尔顿 2 号工厂的故事也许是全美最著名的商业逆袭故事。不幸的是，我们和这家工厂的总经理佩吉 · 辛克莱的会面预约被取消了。她的一位好友也是同事得了重病。她发信息表达了遗憾之情，这让我们很失望。

佩吉 · 辛克莱是一个传奇。当她接手沃尔顿 2 号工厂时，它是全公司 32 家工厂中最差的一家。而如今它的经营状况非常好，白宫赞扬它为全美最优秀的工厂之一。它的效率、收益率、革新性、创造力以及它带给客户的“狂热粉丝”式的服务，所有这些都可以追根溯源到——一支有准备、有意愿、有能力，渴望接受新的挑战并为共同目标通力合作的员工队伍。简而言之，也就是我们心目中的“狂热员工”。

在去丹尼斯餐厅的路上，我们讨论了目前的尴尬处境。要找到那个缺失的关键板块——我们的大统一理论，佩吉 · 辛克莱很可能就是我们最大的希望，但现在我们要与她失之交臂了。谁知道我们什么时候才能重回沃尔顿呢？我们的日程已经排到了几个月之后。

“佛家有云，当学生准备就绪，老师自会出现。”当红灯转绿，我们走向马路对面的丹尼斯餐厅时，我们中的一位发表了颇有哲学意味的看法。我们完全没有在意先我们一步走进餐厅的女人。直到饭菜上了桌，我们才注意到她。她独自坐在餐厅的另一头。即使满面泪痕，我们依旧可以轻而易举地认出那是佩吉 · 辛克莱，她就是白宫寄给我们的沃尔顿 2 号工厂获奖宣传册照片里的人。

就在同一时刻，她抬起头认出了我们。出乎意料的是，她站起来径直向我们的桌子走来。我们费力地站起来，自觉尴尬。毕竟我们在她的悲伤时刻侵扰了她的隐私，更何况我们素不相识。

“我是佩吉 · 辛克莱，”她大方地说，“我认识你们二位，很抱歉，我今天没能信守约定。我今天……嗯，我今天心情不太好。”

不知所措的我们出于礼貌地问她是否愿意和我们共进午餐。满以为她会在道谢之后转身离开，但她再一次让我们惊讶。在犹豫之后，她竟然接受了我们的邀请。

之后，我们坐下来聊了三个小时。在其后的数月中我们也屡次会面。当我们的出行路线重合时，我们经常会约在机场酒店见面。接下来的故事讲述的就是我们在这些会面中获知的内容。

当学生准备就绪，老师自会出现。

共好！

Gung Ho!

Turn On the People in Any Organization

共好

共好的故事

这林子迷人、幽暗而深邃，

但是我有约在身，

还要赶几英里路才能安睡，

还要赶几英里路才能安睡。

——罗伯特 · 弗罗斯特（Robert Frost）

《雪夜林边小驻》

我被算计了。

我，佩吉 · 辛克莱，一颗在总部冉冉升起的新星！

当老头子莫里斯告诉我，我已被任命为沃尔顿 2 号工厂的总经理时，我就应该意识到。

我光顾着为能掌管工厂而兴高采烈，却对一些其他人都一目了然的事实视而不见。我从来没有做过企业负责人，一直都在部门主管的位子上。理论我都懂，但我从来没实践过。我既没经验，也没做好去经营一家工厂的准备。即使是一家状况良好的工厂，我也做不到，更何况它还不是。

我曾在一份内部研究报告里指出莫里斯的战略计划有致命缺陷，我以为他已经原谅我了。他不太高兴，但他承认了问题确实存在，这给公司节省了一百万美元。我以为沃尔顿 2 号工厂是对我们的回报。只是——不是我想象的那种回报。

9 月 4 号，星期二，我干劲十足地来到沃尔顿 2 号工厂。到下班时间，我彻底意识到自己被耍了。所有人都知道这家工厂是全公司最差的一家，但我没想到它会差到这种地步。它之所以还存活着，仅仅是因为总部还在使用过时的成本核算方式，而这种状况不会持续很久。这家工厂正处于生死存亡之际。

六个月，最多一年之内，它就会关门。完蛋！而且还带着我一起完蛋。我是沃尔顿 2 号工厂最完美的替罪羊。

傻子都能看出来工厂的生产率为何如此低下。公司对待员工还不如对待堆在院子里的原材料好。

当我见到管理团队时，我只发现了一个闪光点：150人的精加工车间。尽管沃尔顿2号工厂问题重重，但公司的32家工厂里没有一个车间像它这么有效率！也就是说，这家工厂大约10%的员工是“宝石”。剩下的员工看起来都像是专注于自暴自弃了。

当我见到精加工车间主任的直属上司部门经理时，他告诉我那里的情况其实也不容乐观。

“你最好赶紧辞掉那里的车间主任。”部门经理提议道。

“真的吗？为什么？”我问道。我还纳闷儿为什么这是我的责任而不是他的，但当时我主要是对为什么应该辞退那位车间主任感到好奇。

“安迪·朗克罗是个扫把星。那个印第安人，你懂的。当然，我对印第安人没什么成见，这家伙聪明大胆，这一点毫无疑问。他甚至还有个MBA（工商管理硕士）证书。但他是个捣蛋鬼，是我的眼中钉、肉中刺。少了他，那个车间肯定会更好。愚蠢的印第安人！”他带着露骨的厌恶补充道。他随后的评论更糟。

我不知道安迪·朗克罗是不是个捣蛋鬼，但我知道这位经理在我在位期间肯定干不长。虽然我自己都有可能在六个月后被解雇，但我不想和这种心胸狭隘的傻瓜一起度过这段日子。

4 点 30 分，当一天工作结束时，办公室瞬间人去楼空，好像刚响起了火灾警报似的。我逗留了半个小时后也离开了。

离日落还有很长时间，所以我决定来一次漫长的散步。我先沿着主街道开始走，漫无目的，只是胡思乱想。我注意到镇上有两家超市、两家药店，小镇图书馆前还有一座雕像。读了上面的铭文之后，我发现它纪念的是一位艺术家，而不像大多数城镇那样，纪念一位著名的军人或是过世已久的政治家。显然，沃尔顿是安德鲁·佩顿（Andrew Payton）的故乡，他是一位美国土著木雕艺术家，曾经以他那精美的野生动物雕刻屡获国家大奖。

我继续走到第七大街，过了桥。有一片绿地直通河岸边，一条长椅孤零零地面对着伫立在河对岸灰暗且了无生气的工厂。这像极了我和工厂目前的关系。

我一边走向长椅，一边想着自己对怎样挽救工厂毫无头绪。我知道自己学习能力很强，这是我唯一能想到的优势。问题是，我都不知道如何开始。

当我走近长椅时，一个高高的黑头发的男子从另一个方向漫步而来，然后一屁股坐下，双手深深地插在口袋里。通常我对坐在陌生人身边会有抵触，但我觉得在小镇子里还是比较安全的。

“介意我坐在这儿吗？”我问。

“当然不介意，不过，恐怕我今天不太适合陪人聊天。”

“你有什么困扰吗？”我又出于礼貌问道。

“没什么，就是我要被解雇了。”男子答道，带着那种只存在于陌生人之间的可爱坦诚。

“为什么？”我冒昧地问，很高兴有人能把我从自己的苦恼中暂时解脱出来。

“我在对面的工厂工作，至少今天还在。我已经做了十五年了，但是明天还能不能在那儿就不知道了。”

“你还没说原因呢。”

“上司叫我主动离开，他没胆子炒我鱿鱼。我猜他害怕引起公愤。”

“公愤？”

“是啊。不过我想也不会有多少公愤了。我车间里的弟兄们都知道工厂快要完蛋了。也就剩六个月到一年的时间了吧。没有必要为我的离开而抱什么不平。不过，我们这伙人是出了名的捣蛋鬼，所以他害怕了。”

我带着新的兴趣看着这个男子。从五官来看，我觉得他是美国原住民[1]，而且我猜我知道这人是谁。从他的话语来看，很明显他不知道我是谁。

“有一位新来的女士要接手。” 他继续说，“听说她是一个真正的‘西部恶巫婆’。上司说她要炒了我，我也估计她会这么干。整整十五年啊。也许我不应该太在意。反正那地方也维持不了多久。不知道它倒闭之后这个镇子会怎么样。六个月也好，明天也罢，按理说是不会有什么差别的，但我还是想在最后一天和我的弟兄们一起离开。我们有个目标。”

“目标？”

“当然，”他咧嘴一笑，答道，“我们正在朝着它努力。我们的最后一天将会创下效率和生产率的纪录。当我们在最后一天一起走出大门时，我们一定要昂首阔步。我很期待那一天。”

我已经百分之百地确定这个陌生人是谁了。我喜欢他这个昂首阔步离开的方式：把最后一天成为效率最高、生产率最高

① 北美的土著人有很多奇特的表示称呼自己。在本书中，作者和佩吉使用的是“美国原住民”。但是当安迪说话时，或是引述 15~20 年前发生的事时，使用的是“印第安人”这个词。两者的使用都是带着尊重和敬意的，相信读者们会理解这一点。

的一天。几乎是一瞬间，我决定：即使要倒下，也要战斗到最后一刻！

“你看起来也不太高兴。”他说。

“我估计也要被解雇了。”

“你开玩笑吧？”

“我从不拿这种事开玩笑。我上司想除掉我，我估计他会得逞。”

“你也这样啊？你在哪儿工作？”

“对面的工厂。”

“真的？我不记得见过你。我知道我们有 1 500 人，大部分人我都认识。你是做什么的？”

“做什么？”我咧着嘴给了他一个最调皮的微笑。“做什么？为什么我是‘西部恶巫婆’？我猜你是安迪·朗克罗吧。我听别人提起过你，不过恕我补充一下，都不是好话。”

安迪发出一声听似从脚底一路窜到脑门的呻吟。

“完了，我现在是该死的印第安人了。我走了！”

“你不会死在我手里，”我说，“你们的人里面，我正在考虑要解雇的，只有某个心胸狭隘的部门经理，因为他竟然想要解雇全厂最好的员工——安迪·朗克罗。”

安迪震惊地看着我说："你要我？"

"我也许是'西部恶巫婆'，但我不是傻子。"

"你会让我留下？"

"当然，你管理的是我手下最好的车间。"

"关于你会被解雇的事，你是在开玩笑的吧？"

"我希望如此。"然后我把事情原委告诉了他。我知道这听起来很奇怪，但我就是在此刻把一切都告诉了一个陌生人。不知为何，我知道自己可以信任他，相信他是一个特别的人。然后，我问了一个将会拯救沃尔顿 2 号工厂的问题。

"你所在的精加工部门就像是一个在风暴中准点运行的时钟，告诉我你是怎么做到的？"

"共好。我们都是共好。"

"共好？你的意思是说活力四射，激情燃烧？"

"没错，我们是共好。"

"在那家工厂里？为你们的部门经理工作？"

"他从来不支持我们，但我们都是共好。"

"这都是你的功劳？"

"不是，是我爷爷的。"

"他在那家工厂工作？"

"当然不是，他甚至从来没进过那家工厂。他已经去世十年了。我在他去世的两年前成为精加工车间主任，是他教给了我共好。我又把它教给了弟兄们——抱歉，还有姐妹们，我们车间里有好多女员工——于是我们都成了共好。”

“我们可以把它教给工厂的其他人吗？”

“当然可以，但有一个问题。”

“什么问题？”

“我花了五年时间才让精加工车间实现共好，可我估计你还有六个月到一年的时间。”

“你说得对。”我悲哀地同意道。

“太糟了，”安迪说，“管理整个工厂一定会很有意思。”

“既然你成功过一次，你就不能教教我第二次的时候怎样才能做得更快吗？”

安迪停顿了良久，我几乎以为他不理我了。然后他说：“三年，最少三年。”

“但是在最佳情况下我们只有一年的时间，安迪。”我说，几乎是在恳求。

“三年可以完成共好，一年只能做一些改变。”

“足够拯救这家工厂吗？”

“谁知道呢。”

“想试试吗？”

“总比被解雇好，我想。”

“当然。而且，被解雇的经历写在你简历上的MBA学位旁边恐怕不太好看，我听说你有MBA学位。”

“对，说得在理。共好。”

“共好，安迪 · 朗克罗。我是佩吉 · 辛克莱。”我伸出手。他握住我的手摇了摇，“共好，朋友。”

从那时起，不论我们打招呼还是道别，都用同一句口号：“共好，朋友。”

“有一件事我想不通。”我放开安迪的手，说道。

“只有一件？”他笑容可掬地问。

“目前只有一件。告诉我，既然你有MBA学位，也有把精加工车间打造成现在这个样子的能力，那你为何还留在这儿？在我看来，你可以到任何别的地方去找到更好的工作。”

安迪的回答让我后悔问这个问题。不经意间，我揭开了记忆的伤疤。他的理由很独特，而且极度隐私，但他毫不犹豫地告诉了我。

安迪说他的妻子和儿子葬在沃尔顿。那天下午，她在接儿子放学时出了车祸，被一个醉酒的司机撞了。“我们本来打算等我有了几年实际的管理经验之后就搬到别处去。但他们留下来了，所以我也留下来。”

“我很遗憾。”

“我也是。这么多年过去了，但是大部分的夜晚依旧感到心痛。”

我不知道该说什么，于是安静地坐下来，让时间就这样静静地溜走。

最后我问道：“那么，如果我们要‘共好’那个地方的话”——我把手臂挥向河对面的工厂——“应该如何开始？”

“‘松鼠的精神’，”他答道，“一切都是从‘松鼠的精神’开始的。然后是‘海狸的方法’和‘鹅的礼物’。明天在大门口等我，穿好休闲裤。我们要到郊外去。”

他站起来，直视我的双眼，说：“共好，朋友。”

“共好，朋友。”我答道。

他转过身，顺着来时的路离去，一次都没有回头。他的步伐有着之前所没有的轻盈。

这是一个古怪的开始，但它最终开启了我们走向白宫玫瑰花园、为我们的共好事业赢得大奖的道路。

多年以后有人曾经暗示，我们之所以能结下深厚的友谊，是因为我们都是在社会中受压迫的人。我是个女人，安迪是一个印第安人。事实完全不是这样。我也许是一个受压迫的人，那段日子我都不确定我想让别人称呼我“小姐”还是“女士”。但安迪不是。他知道自己是谁、想要别人怎么称呼自己。安迪以自己是印第安人为豪。安迪丝毫不像受压迫的人。

他曾经告诉我他的爷爷喜欢说：“如果你不是领头的人，你眼前的风景永远不会变。”安迪一直都是领头的人。

第二天一早，我在夜班职工下班之前巡查了厂里的大部分地方。“以前从来没有哪个总经理来探过夜班。”当我找到正在工人办公室里打牌的领班，要求他带我去巡查时，他如此说道。早上 8 点，我让领班又带我巡查了一圈。

因为我还是个穷学生时也当过一线工人打工赚钱，我对工厂的运作了如指掌。我看得出，领班们都是有良心、有见识的人。他们只是不在乎。

如果说领班们看到我来到生产现场感到惊讶的话，部门经理看到我的时候，他们简直是怒不可遏。第二次巡查到一半时，他们全部都来了。他们像一群牧羊犬似的冲着我的脚后跟“狂吠”，一心想要把我撵回办公室。

“我们可以在会议室向你汇报情况……”

“我在办公室里可以解释得更清楚，那里有文件，所有事情都写得清清楚楚……”

“你真的应该看看我墙上的图表……”

当他们看出我不打算回去时，就跟着我继续巡查。但是，所有有意义的信息都没有了。

当我建议他们回办公室时，他们全都发自内心地松了口气。只剩下精加工车间还没去。我想给部门经理一个拯救自己的机会，所以叫上了他。

我就这样走进了精加工车间，身边跟着我最不喜欢的那位部门经理。他说，这是未来我们工厂的模型，当然，那个叫安迪·朗克罗的家伙是个大毒瘤，他才是这里最大的问题。

“他就是不服从命令。这些人其实可以工作得更勤快。我让他把休息时间缩短三分钟，但他就是不肯。他们还消极怠工，永远都改不掉。”

我看到墙上有“共好”标语，大部分机器上也有“共好”的贴纸。

“这个共好是什么？”我轻描淡写地问他。

他惊讶地盯着这些标语，仿佛他从来没见过它们，我怀疑他确实没见过。“不知道，”他承认道，“可能是某种宣扬搞破坏的印第安口号。”他总结道。

“安迪·朗克罗？”

“就是他。他可能是想发动一场革命。”

“发动一场革命？”

哪里都看不到安迪。后来我得知有人提前警告他我们会来，于是他就故意溜走了。

这的确是一个与众不同的车间。它干净得一尘不染，工人们（后来我才学会称呼他们为团队成员）穿着鲜艳整洁的制服，半成品全都摆放得整齐有序。除了共好的标语之外，还有各种各样的表格、曲线图和记录牌，记录着各种不同衡量标准下的进度。

其中，我特别注意到的是氛围。工人们很快乐。在工厂的其他地方明显有一种阴郁的气氛，但在这里，乐观的气氛却是真真切切的。

当部门经理表示为何明明有那么多“诚实的白人男性”，却雇用了一个印第安人时，他已经彻底决定了自己的命运。

这种话对谁说都不明智，尤其是对我，一个女人。但他从来没想到这一点。我倒没感到生气，只是觉得他很可悲。我知道了一件事，狭隘的头脑只能过狭隘的人生。

回到办公室后，我发布的第一道行政命令不是令人愉快的那种。我用一笔丰厚的遣散费把我接手的 18 位部门经理中的其中一位踢出了公司。我相信人会成长，会改变，但我没时间在这个人身上花心思了。有时候，改变一位经理的唯一方法就是换一个经理。

当我见到剩下的 17 位经理时，我告诉他们两件事：

“第一，如果你们不想干就走人，不会再有混日子这个选项了。”当所有人意识到我真的会说到做到时，警觉和震惊的神情在他们脸上扩散开来。

我的第二个消息同样令他们不安。我那天下午要早点离开，用当天剩下的时间去追逐“松鼠的精神”。

部门经理们一声不吭地从我的办公室鱼贯而出。当我那天下午坐在安迪·朗克罗的哈雷·戴维森摩托车上，贴着他的后背从工厂大门出去时，我看到了17张窗后惊恐的面孔。他们早上的余惊还未消，如今又添上了新的惊讶。

当安迪大叫“抓紧了，我们出发”时，我高兴地欢呼起来。

松鼠的精神

如果一个星期以前你告诉我，我会贴在一个美国原住民的背上，坐着他的摩托车在高速公路飞驰，还觉得非常享受，我会大笑着说“绝对不可能”。如果有人暗示，我还会把未来寄托在他爷爷那套明显是起源于松鼠、海狸和鹅的管理理论上，那简直就比“绝对不可能”还要荒谬。而我现在就是这么做的，而且不知为何，我知道自己做的事是正确的。共好是我拯救自己和工厂的唯一机会。

我们很快离开了高速公路，直奔郊外。当安迪拐进一条泥土路，深入一片路边的森林五百英尺，停在一块空地上时，我判断我们离城镇已经有十五英里远了。

“我们到了。”安迪说着关掉了引擎。

我们正在一片宏伟的云杉林中。附近有一栋带宽阔门廊和粗石烟囱的小木屋。

万籁俱寂，分外美丽。我开始缓缓地走向木屋，让我的身心来感受这个魔幻般的地方。“太棒了。”我转向安迪说道。我突然伫立不动。在他身后不到百尺的地方，有一对母鹿和小鹿正小心翼翼地穿过空地，走进对面的灌木丛。

我急忙用手指了下它们。安迪转身看着两头鹿。

“他们是玛贝尔和弗雷德。”

“梅布尔和弗雷德！”

“反正我就这么叫它们。”他戒备地说，“那棵树下有一块盐渍地，它们每天会来好几次。”

安迪带我走进门廊，给我和他自己拿了冰啤酒，然后让我坐在一张很大的老式摇椅上。他自己则一屁股坐上吊床。

“是时候来发现松鼠的精神了。”安迪宣布道。我满怀期待地看着他。

“你观察这些松鼠，我要打个盹儿。”

“我以为你要教我松鼠的精神。”

“我不会教，你要自己学。我要打盹儿了。这儿有很多松鼠。等我醒过来之后，告诉我你学到了什么。”

说完，安迪闭上眼睛，很快就轻轻地打起鼾来。他居然让我一个人看松鼠！这个人要么是我见过的最有自信的人，要么就是彻底疯了。我是他新来的上司，而且我昨天才认识他。他现在居然睡了！

一瞬间我怀疑自己被耍了。但我立刻否定了。我记得精加工车间里“共好”的感觉。他说那始于松鼠的精神。如果他说要观察松鼠，那我就来观察松鼠吧。他也许是疯子，但我已经做出了选择，要与他共进退。

关于松鼠，安迪说得很对，这里到处都是松鼠。门廊不远处有一个平的三合板饲料槽，放在一个树桩上。松鼠们从森林里蹿出来，穿过草坪，爬上饲料槽。它们往嘴里塞满葵花子，然后鼓着腮帮子跑回森林。

我开始给我看到的松鼠计时，发现它们跑一圈平均花 3 分 50 秒。一个小时大约跑 15 趟。难怪安迪用倒挂的箱子顺着斜槽给饲料槽自动补充食物。

“好了，”一个小时后，从吊床上传来安迪的声音，“你学到了什么？”

“我不敢肯定我已经学到了松鼠的精神，但是，如果沃尔顿 2 号工厂的人能像松鼠一样工作的话，工厂肯定会兴旺发达。”

“我同意。”安迪边说边缓缓地摇着吊床。我等着安迪继续说，但他久久沉默不语。

“那么，我怎样才能做到呢？”

“松鼠的精神，海狸的方法，鹅的礼物。共好。”

“这你都说过了，”我大笑着说，“我们现在还是先说这些松鼠吧。”

“正合我意。问题是，那些松鼠为什么这么卖力地工作？找出这个问题的答案，你就可以发现松鼠的精神。”

“它们卖力工作，因为它们受到了激励。”我大胆推测。

“很好。非常好。那么它们为什么受到了激励？”

“它们有目标，它们向着搬运食物的目标而努力。”我说。

“为什么这个目标能激励它们？”

当我思考时，我们两个都在摇晃。

“那是因为，如果它们不储存食物，它们就活不过冬天。它们就会死。”

“你终于开始理解松鼠的精神了。”

“你的意思是，它们的工作不仅仅是搬运种子。它们受到激励是因为这份工作很重要。”

“它们的工作不仅重要，还是有意义的。”安迪说。他把重音放在“有意义的”这个词上，同时爬出吊床，走向木屋。

他回来时说有件礼物要送给我。他给了我一个松鼠的木雕。只见它站得笔直，张着嘴，好像吱吱叫着。我几乎能听到它发出的声音。松鼠身上的每一根毛都精雕细琢，我能看到它那强健有力的后腿肌肉上的纹理。

“安迪，这太神奇了。你究竟从哪儿弄到它的？”

“这是爷爷教我共好时雕刻的。翻过来看看。”

我照做，然后发现木质底座上烙着雕刻者的名字，安德鲁·佩顿；日期，1967 年 6 月，并有如下字样：

松鼠的精神：

有意义的工作

就是这种精神。这就是将精加工车间变成一个共好团队，并且将会拯救沃尔顿 2 号工厂的第一个秘密。当时我还没有意识到它有多么大的魔力。

“你的爷爷是安德鲁·佩顿？我见过他的雕像。”

“很讽刺，不是吗？他用木头雕刻，他们却把他做成了铜像。”

“它真漂亮，”我仔细端详这个木雕，说，“这礼物真棒，安迪，但我不能收。这是你爷爷为你刻的。”

安迪微笑着说道：“没错。但是共好是他送给沃尔顿 2 号工厂的礼物。我有许多他的木雕。爷爷也会希望你拥有它的。”

“谢谢。”我答谢，然后再一次审视他爷爷烙在底座上的句子：“松鼠的精神：有意义的工作。”

“有意义的。”我一边在脑中翻转这个词，一边大声念出来。

“松鼠努力工作，是因为它们的工作是有意义的。人也是一样。”安迪说着再一次坐进吊床，“有意义超越重要，但始于重要。”

“你已经说了两遍有意义超越重要了。有什么东西还能比重要更重要呢？”

“有意义并不代表比重要更重要，”安迪咯咯地笑着回答，“有意义只是含义比重要更广。你要知道的事有三件：第一，工作必须被视为是重要的。第二，它必须导出一个为人所理解和共享的目标。第三，价值必须指导所有计划、决策和行动。把这三件事放在一起，你就得到有意义的工作了。简而言之，就是松鼠的精神。

“但是，就像我刚才说的，它始于重要。如果你想要人们成为共好、用松鼠的精神来工作，他们必须先理解为什么他们是不可或缺的，为什么他们的工作能让世界变得更美好。

“爷爷说：

松鼠的精神
实现了
神在森林里的计划

“人们必须理解他们所做的事是如何对人类的福祉做出贡献的——如何影响到他们自己的这片森林。”

安迪话语的冲击力让我兴奋难耐。我们公司有许多奖励机制。胡萝卜把你往前拉，大棒在后面督促你。但所有的奖励都比不上这个。想象一下，你的工作重要到可以改变世界的进程。是一份实现神的计划的工作。

我的喜悦只持续了一会儿。我想起我们制造的产品。重要？好吧，对一些人也许是的，但它实在不像是神的计划。

安迪在看我。我还没出声，他就已经知道了我的反对意见。

“重要的是理解，而不是工作本身。绝大多数你能说得出来的工作都是重要的，能让世界变得更美好。每个人真的都是不可或缺的。只是他们不理解自己在其中所扮演的角色。”

“爷爷说，一旦人们理解了，他们的工作就会变成正确的工作，只有得到了正确的工作，人们才能共好。”他说。

“我喜欢这主意，安迪，但是你说绝大多数工作都很重要，能让世界变得更美好，我实在无法苟同。”

“你这种想法很正常，”安迪同意道，“我们所受的教育都要求我们把工作视为一个个处理零件的步骤。开始、打磨、精加工、销售，或者别的什么步骤。”

“我们就是这样的。”

“没错。所以我们认为完成每一步就是我们工作的理由。要超越这样的想法，我们必须采取另一种看待事物的方式。你必须学会发现你是如何帮助其他人的。”

“大部分的工作都非常重要，甚至可以改变世界，这怎么可能？医院里的护士、救灾工作人员、在医药公司工作的科学家，这些我可以理解。但是……”我故意不说出问题。

“就像我说过的，那是另一种看待事物的方式。那就是从人的角度来看待你所做的事和你取得的成就。告诉我，你做过的或者能想到的最没有意义的工作是什么？”

“这简单，大学时我曾经在咖啡馆洗盘子，我可以向你保证，这不是有意义的工作。”

据我所知，洗盘子是所有工作中最没有意义的。我还记得一堆堆的脏盘子从传送带上源源不断地送进来的情景。我把它们刷好，放进洗碗机，再把干净的盘子堆起来。我确信这工作是毫无意义的，但安迪脸上的笑容还是使我感到些许的不放心。

“在大学咖啡馆里洗盘子——没有比这更重要的工作了。天哪，想一想这些学生会对世界产生的影响。这些学生未来可能是商业领袖、医生、社会科学家、世界领袖、研究人员。一堆不干净的、被细菌感染的盘子就有可能毁了全班。你要从对人的影响的角度来看待它，而不是完成步骤的角度。如果你不相信洗盘子对人类的福祉有贡献，我可以带你到那些没有人认真洗盘子的地方去看看。一顿饭就能让你改变想法。

“学生们来的时候身心俱疲，饥肠辘辘，可能还很孤单。你是为他们的人生提供快乐与滋养的链条中的重要一环。你看你给了别人多么好的礼物啊。”

安迪直视我的眼睛，说：“我们的整体经济都建立在流动的基础上。我们对社会的参与超越了我们日常生活的狭小范围。食品卫生、干净的盘子，以及在外面就餐的安全性——这是我们文明的基础。”

“我猜这完全取决于你如何看待它。”我有些戒备地答道。

“这完全取决于你是否清楚地看待它。”安迪坚定地说。

“而这就能让人变成共好。”我有些疑惑地说。

“这是开端。大部分工作都有社会价值——这也是爷爷用过的词——不论挖沟、接电话、设计高尔夫球场，还是生产铁丝筐。一旦人们开始清楚地看待他们的工作，就大事可成了。猛敲一块金属，把它打磨得跟工程设计图一样是一回事，但是把它做成儿童自行车刹车的一个零件就完全是另一回事了。”

短暂停顿之后，安迪说：“前者你搞砸了，你只是不合格。后者你搞砸了，你就有可能害得一个孩子摔断腿，甚至更糟。”

“前者是生产零件，后者是有意义的工作，对不对，安迪？”

他赞同地微笑：“我们真正在谈论的，其实是人类最强大的情感之一，不亚于爱与恨。它的名字叫自尊。找到自尊的最快最保险的方法之一，就是理解你的工作在大图景中的位置。当你自尊自爱时，那就是共好的开始。”

随着夏末午后的寂静笼罩在门廊四周，安迪开始谈论如何为我们的客户和社区服务。他平静地讲述，但充满了洞见，使我开始以新的角度来看待我们的公司。我理解了我们的工作是如何与人产生联系的，也知道了它有多么重要。我第一次发现，我们的产品不仅仅是生产出来的一堆零件。

当我第一次走进安迪的空地时，我就知道它是个有魔力的地方。但现在我意识到那是一种截然不同的魔力。

“我们需要的就是松鼠的精神，安迪。共好，我来了。”

“哇！别急，”安迪微笑着说，“我还没说完呢。记住，有意义比重要更重要。”

“好的，下一个是什么？”

“耐心等着。现在是时候把‘总部的领导’叫醒了。你在这儿等着。”安迪站起来，走进了木屋。他出来时手里拿着几片面包和一塑料袋的剩饭剩菜。“垃圾，尤其是旧垃圾。这是‘领导’最喜欢的。你看着。”

他把剩饭剩菜放在离门廊50英尺的地面上。附近有一个铁三角挂在树上，安迪用一根铁棍狠狠地敲了几下。他快步跑回门廊，速度比他下去时快了不少。

“注意看饲养棚，”安迪说，“‘总裁’和所有的‘副总裁’马上就要出来了。”

棚子下方出现了一只背上有两道白色条纹的黑色动物，后面跟着三只小的。它们以庄严的队列行进。

“臭鼬，好多的臭鼬！”我大笑着喊道。

“安静，”安迪恳求道，“不要嘲笑‘领导’。你要是惹恼了它们，它们可是会放出要命的臭气。”

臭鼬们很快就吃完了它们的这餐饭。臭鼬妈妈——至少我猜测它是母亲，但不打算去验证——转过身径直走回棚子，其他臭鼬快速跟上。

“它们过会儿还会出来，它们最喜欢夜晚。”正当安迪说着，一只松鼠爬上饲料槽，弓着背，翘着尾巴，发出一声长长的叫骂声。

“你管臭鼬叫‘领导’，但这只松鼠听着倒像老头子莫里斯。”

“它只是嫉妒，因为我不再跟你讲松鼠的精神，而把注意力放在了那些臭鼬身上。”安迪一脸严肃地说。然后，安迪发出一声松鼠式怒吼，刺耳度和强度绝不输给那只松鼠，于是那只松鼠沉默了。

“好了。这应该能让这只厚脸皮的淘气鬼安静一会儿了。我向它承诺，我会告诉你关于目标和价值的事。”

安迪说这话时带着若无其事的镇静。你我平时接到一个电话，把它转给一位同事，然后说“打给你的”时，用的就是这种语气。

安迪也许在戏弄我，但他确实完美地模仿了松鼠。而且那只松鼠肯定也收到讯号，因为它立刻闭上嘴，开始埋头收集种子。

为了遵守他与松鼠的约定，安迪继续讲他的课。

“有意义的工作的前提是，每个人都朝着他们所理解和共享的目标而工作。但是这还不够。你达成目标的手段也很重要。你必须受到价值的指导，你必须同时为目标和你达成目标的手段感到自豪。”

我还在观察那只松鼠，它仿佛在仔细聆听，以确认安迪遵守了约定。安迪把我的沉默视为继续说下去的讯号。

“在大部分组织里，设定目标都是个大问题。经理们以为把目标写在年度报告里或是在某个会议上宣布，这个目标就被大家共享了。他们也许分担了这个目标，但如果整个团队不努力去实现它，那它就不是一个共享的目标。”

“你可以把一匹马牵到河边，但你不能强迫它喝水。”我评论道。

“没错。如果马不喝水，那它就不是共享的水。其中认同起了关键的作用。应该被共享的是致力于实现目标的决心。那些松鼠都致力于实现同一个目标。在共好组织中，人也是一样。”

“我理解。”

“我很高兴你能理解，大部分人都不理解。”安迪说，“当我刚开始在沃尔顿2号工厂工作时，我们有一大堆目标。有一个总经理甚至还开了一次动员会，还有定制的T恤衫和企业歌曲。

“唯一的问题是，没人在乎那些目标。我们唱歌是因为在炎热的下午聚会很舒服，还有冰啤酒喝。然后，管理层开始纳闷儿为什么一切都跟原来一样。有时候我觉得，想要在我们公司高升，愚蠢是一项必需的技能。”安迪嗤之以鼻。

惊讶一定显现在我的脸上了。

“抱歉，”他羞怯地说，“我不是说你。我妻子曾经说，自从我小时候发现周六下午场电影里印第安人总是被牛仔打败之后，我的性情就变得乖戾了。”

我发现，安迪对他的印第安血统颇感自豪，同时他也能坦然接受自己的身份，有足够的自尊拿自己开玩笑。

“我猜人们总是会把齐心协力和信息同步混淆起来。”

“没错，”安迪说，“那些臭鼬教给了我们很多东西。它们的目标是控制整个院子。我知道这一点，但我不会和它们共享整个院子。至少从长期来看不会。”

“我会在目标上下工夫。”

“请你务必这样做。但是不要忘了，有时候管理的最好方法就是找出人们前进的方向，然后走到他们前面去带路。为精加工车间设定目标是我的工作，但实际上，在十个目标中只有两到三个是重要的。我可以让团队自行设定其他的目标。”

尽管当天没有探讨这个问题，但随着我们在工厂里开展共好的工作，安迪教导我必须要有两种目标：

第一，结果目标。它设定我们想要达到的结果——不论是加工零件、精加工零件、运输零件还是收到的货款，等等。

第二，价值目标。它设定我们想要对团队成员、客户、供应商和所在社区的生活产生的影响。

后来我还学到，目标是目标制定者让你驶入未来图景时，插在当下和目的地之间的路标。

“所以，有意义的工作意味着理解工作是如何让世界变得更美好的，同时它也是帮助实现为人所理解和共享的目标的工作，”我说，“你的清单上第三项是价值？”

“重要性和目标促使人前进，而价值维系成就。通过欺骗来达成目标，工作就毫无意义可言。我没法把松鼠所有的价值都告诉你，但我知道它们的确有价值。比如说，它们珍视同伴的生命。如果附近出现了老鹰或狐狸，它们不会只顾着自己逃命。它们会‘吱吱吱’地向同伴发出警告。”

“那么，价值是从哪儿来的呢？来自团队还是管理层？”我问。

“两者都有。但是比起设定目标，价值是管理层的独有责任。有目标，你会有几个好员工。有价值，每一个员工都是优秀的。

“你可以在目标上妥协和协商。有时候到达你想去地方的最短路线不是直线，但价值必须是直线。领导者必须坚持让每个人都沿着直线行走。”

安迪稍作停顿，等我彻底理解以后才继续说：“在一个共好的组织里，价值才是真正的老板。价值将会指导你的行为，而不是让你去指导别人的行为。你是领导者，不是警察。但是，同时，你必须确保组织在内部保持一致——每个人都按照同一个曲谱唱歌。你不能强迫别人认同价值，就像你不能强迫别人认同目标。但你可以也必须让他们保持一致。如果人们不尊重你的价值，他们就会到别处去工作。既然你不会留着那些不为你的业绩目标工作的人，那也别留着不尊重你的价值的人。”

“我今天已经这么做了。”我指出。之前我已经告诉安迪，我把他的部门经理踢出了公司。

“是啊，你已经做了，不是吗？”安迪说，“相信今后你也会坚持你的价值。一旦你宣布了一个价值，你就不能因为嫌它碍事就把它扔在一旁。”

“我认为这不是问题。”我说。

“通常情况下不是。但有时价值会产生不可预料的结果。比如说，我们精加工部门的价值之一就是尊重劳动的尊严。这听起来很高尚，也的确很高尚。但我们发现，随着我们逐渐提高生产率，一些人的表现落后了。这不是因为他们不努力或者不在乎，只是其他人工作的能力太强。问题是：我们该拿他们怎么办？”

“我看到问题了，的确很难。”

“如果你仔细想想，其实也不难。如果我们真的重视劳动的尊严，我们就必须尊重每个人劳动的权利。所以我们决定，只要一个人尽全力工作，不混日子，我们就不会剥夺他工作的尊严。我们也许会把他们安排到其他岗位，让他们继续发挥作用，但我们会留着他们。他们有劳动的尊严。这是我们的核心价值之一。”

“这解释了为什么你有一些低效率的员工。你的前部门经理声称，只要把那些朽木清除出去，你们车间的生产率可以提高两个百分点。”

“他在两件事上犯错了。”安迪大笑，“第一，他们拉低了我们三个百分点。第二，如果我把他们赶走，我们很快就会失去所有的价值，这将会导致共好的终结，于是生产率会下降十七个百分点。这样我们就会落得和工厂里其他人一样的下场了！”

“有道理。”我承认道。

“这就是价值。在艰难时刻我们也坚守这些价值。否则它就不是价值了，就会沦为一句好听的口号，一套用来给自己提供方便的说辞。

“那么，价值是由领导者制定的，也许会听取别人的一些建议。然后，正如你所说，价值是老板。”

安迪的下一节课很重要。他说：“我们回顾一下。你说，‘价值是由领导者制定的’。价值的制定和目标的制定不同。你宣布一个目标的那一刻，它就是真实的。它就已经被定下了。但价值不是。你可以遵从你的意愿宣布一个价值，你也必须这么做，但只有当你用自己的言行举止履行它们，并且坚持要求他人共同遵守时，它们才是真实的。目标属于未来，价值属于当下。目标是用来制定的，价值是用来实践的。目标会改变，价值则犹如磐石一样坚固。

“我爷爷说：‘磐石不会在涡流中移动，但卵石会滚动，即使你也称它们为岩石。’”

我称赞安迪爷爷的睿智。安迪大笑着说，“他是我认识的最睿智的人。但是像所有睿智的人一样，他向别人学习。我认为他关于磐石和卵石的说法是从他最喜欢的诗里摘出来的。曼利·格兰特。我拿给你看看。”

安迪从木屋拿了一本书给我，然后翻到其中有记号的一页，让我看了一首诗：

坚持还是翻滚
磐石在激流中坚持不动
卵石却左右翻滚
称卵石为磐石？让它们以坚持为目标？
山洪来袭，卵石依然翻滚
区分二者的，既不是名字，也不是目标
而是它们的行为举止，是它们的所作所为
石头取决于大小，但你可以掌控自己
你是磐石还是卵石？你要坚持还是翻滚

——曼利·格兰特（Manly Grant），
《土地之韵》（*Rhymes for the Land*）

安迪把书放回木屋，我听见他在里面清扫，留下我独自思考我学到的所有东西。

我现在知道了松鼠精神的精髓，有意义的工作意味着三件事：

重要性
通向共享的目标
以价值为驱动力

当我看着夜幕徐徐降临到安迪的空地上，我在想，如果松鼠的精神能够指引每一个团队成员，工厂将会多么不同。

很快我们就关上木屋，返回沃尔顿。

摩托车一上高速路，我的脑海中再次浮现出1 500个家庭的身影，他们的命运就取决于我能否理解并运用安迪教给我的东西。当时我还不知道，当我开始把这些人的名字和面容一一对号入座时， 我将会更加难受。

当安迪把我送回工厂时，我把他的备用头盔递给他，然后问："你说强行让员工尊重价值是领导者的工作，但这种方法对我设定的目标不管用。我怎样才能让别人支持我的目标呢？"

"问起来简单，答起来复杂。"安迪边说边将哈雷摩托熄火。"你离共好越近，信任的等级就越高。这就是你所需要的东西。信任。随着互信程度的提高，对目标的支持程度也会提高。"

“让厂里的任何一个人信任管理层都不是一件容易的事。”我凄惨地说。

“很难，但不是不可能，”安迪说，“我发现，我不能命令他人去支持我设定的目标。我可以坚持要求他们尊重特定的价值，但我不能强迫他们去为目标全力以赴。我能做的只是告诉他们这样做会受益良多，并且邀请他们与我共同努力。”

“我能理解为什么你花了五年才把车间打造成‘共好’。”

“是啊，这不是一朝一夕就可以做到的。你必须给他们时间。而且，就像我说的，你必须乐于向他人解释为什么那些目标是重要的，诚实地告诉他们会得到多大的好处。把这句话烙在你的心中：说出事实。

“在法庭上你必须发誓‘说出事实，说出全部事实，只说事实’。这正是我的要求，而且这是一项难以完成的任务。”

停顿之后，他补充道：“这不仅仅是言行一致，你必须在一开始就实话实说。”

安迪继续说，说出事实并且只说事实是一回事，说出全部事实就是另一回事了。

“通过假装信息很敏感、隐藏信息，经理们能够掌控局势。这对以权压人很管用，但它不会产生信任。如果你想让你的团队变成共好，你必须说出全部的事实，这意味着，信息属于每一个人。”

我认识到言行合一是十分艰难的。开诚布公本来就已是艰难的考验。在困难时期就更难做到毫无遮掩，或者隐瞒信息、保留意见，或者粉饰事实。

“我会说出事实，”我保证道，“我还能做什么？”

“一切都以信任为中心。除了彻底的坦诚，你必须把团队成员的福祉放在第一位。在精加工车间，我们有一个五点章程。第一点就是保护车间里每一个人的健康、安全与福祉。”安迪说。

“这挺有意思。在总部我们总是把收益放在第一位。给股东回报。”

“啊，对。总部，臭鼬的老巢。”安迪大笑道，“收益甚至都不在我们的五点章程中，包括任何与投资回报率有关的东西。我认为，只要你把基础的东西做好了，剩下的东西会自然而然地跟上。”

“当然，安迪。在总部我们拨出 14%的收益用来支付精加工的成本。鉴于你的成本远远低于预算，你已经给我们挣了很多钱。你的部门就是个金矿！”

“不总是这样。我曾经试图用会计报告来管理我的车间。我沉溺于报废率，还有加班与物料的成本分析报告之类的东西。我现在甚至都不记得那东西是用来做什么的了。不要误会我。会计报表包含很多有价值的信息，你必须通过它了解公司的状况。你必须和团队一起分享它。你也看到了，我们车间里到处都贴着图表和数据牌。但我认识到，你必须看到数据之外的东西，不能把工作看成单纯的步骤。”

安迪又一次在给出重要信息之前停顿了。“用数据来管理一家公司，就好像打篮球的时候只看计分板不看球。想成功就要打好基础，而基础的基础就是团队。”

安迪把一只脚放回摩托车，但我不打算放他走。我还有几个问题没问，我需要答案。

“那么客户呢？为什么他们在你的章程里没有排在第一位？”我问安迪。

“客户仅次于团队成员。组织的工作是为客户服务，但原本组织存在的理由，就是为在组织内工作的人以及他们生活的社区服务。”

“想要建立信任，你需要做的事有很多，但我已经教给你最重要的两件事。诚实和将团队成员放在第一位。做到这一点，其他的都会水到渠成。”

“支持不是一朝一夕就能争取到的。”我评论道，这既是对安迪，也是对我自己说的。

“的确。不过有一条捷径，它就是恐惧。感到恐惧的人会仅仅抓住救命稻草不放。不过，他们的支持来得快，去得也快。一开始不适合采用这种方法，哪怕我们的时间很紧迫。”

“我同意，”我说，“那么，我们从哪儿开始？”

“我不知道，”安迪答道，“我开始的时候有六个人。我们下班以后碰头，喝酒聊天，每星期两次。在他们理解了松鼠的精神并且踌躇满志之后，我们又拉了几个人入伙。我们不停地扩张。不过，就你所剩的时间来看……谁知道呢。”

我怀疑安迪其实知道该从哪儿开始。我猜这就是一生中你只有自己找出来才有意义的答案，安迪判断我有这个能力。

“好，”我说，“我会自己找出答案的。我什么时候学海狸的方法？”

“等到下第一场大雨之时。”说着，安迪的哈雷摩托开始咆哮，“下第一场大雨之时，就是海狸的方法到来之日。这一带的第一场大雨通常会在九月中旬。”

“共好，朋友。”他洪亮的嗓音盖过了摩托车的隆隆声，然后他就离开了。

“共好，朋友。”我冲着他背后大声喊道。

九月中旬。这给我大约两个星期的时间去实践松鼠的精神。没问题，我一边打开我的车门，一边告诉自己。也许两个星期的时间是最完美的。

今天是第三天。在第一天即将结束时，我觉得自己陷入了大麻烦。第二天带来了希望。我一边思索着第三天会如何，一边走进办公室。现在还早。我独自坐在桌子前摆弄着广告纸板和粉笔。

我很快就在桌子上面挂起了一张海报，还饰有一只画得非常不错的松鼠。最少我觉得这松鼠画的还不错，上面写着：

松鼠的精神：
有意义的工作

1 理解我们可以让世界变得更美好。

2 每个人都为共享的目标工作。

3 价值指导所有计划、决策和行动。

我的部门经理们昨天一窝蜂地离开，今早他们又一窝蜂地来了。我通知他们，我会在十分钟后见他们。

我从咖啡馆订了咖啡。“双倍咖啡，泡得浓一点。”我告诉咖啡师。我需要那些人头脑清醒。

当他们全部落座，我开始谈论我们的产品对顾客产生的重大意义。在我说的时候，我感到他们心中涌起了一丝自豪。无关紧要，我告诉自己，这没什么可高兴的，艰难的事情还在后头。他们的眼睛一直睁得很大。

我的结束语也吸引了他们的注意力。

“我自认为知道这家公司的意义。但是，我想听听你们的想法。我想让你们好好思考三个问题：我们为何身在此处？我们的目标是什么？指导我们的是何种价值？明天早晨我们在这里再次碰面。我很期待听到你们的想法。”

听到我暗示他们贡献出自己的想法，他们的脸上全都浮现出不同的表情，有的像得了急性胃肠炎，有的恐慌。我只是微笑，就这样结束了会议。

坦率地说，看到他们局促不安，我很享受。如果当时我知道不久后我也会落入同样的境地的话，我大概会同情他们吧。

电话是中午的时候打来的。打电话的是老头子莫里斯，他显然不开心。沃尔顿2号工厂的数据不容乐观。对此我能做什么？如果我不振作起来，用不了多久，这家工厂将会倒闭。

我听出了他的话外音。要振作起来的人是我。我到任才两天半，这个问题就变成了我的责任。

“我还有多长时间？”

“我希望在圣诞节之前就能看到结果，也就是四个月。我觉得这已经是网开一面了。”

在我挂掉电话之后好长一段时间，我仿佛依然能听见老头子莫里斯的窃笑。

我在换班时溜到安迪的摩托车前，告诉了他这个消息。

“我跟你说过，我妻子评价我仍然无法从星期六的那些电影里走出来，记得吗？”

“所以呢？”

“嗯，她说的也许是对的。但我也学到了一些东西。印第安人虽然每个星期都输，但是一到下一个星期六的中午，我们又全都做好迎接下一场战斗的准备。老头子莫里斯也许打败了我们，但是我们必须在星期六之前做好战斗的准备。”

“安迪，我们没时间了。我们可以战斗，但我们不可能在四个月内获胜。”

“好吧，我们只需要争取到更多的时间。”

“老头子莫里斯为了装好人而给我们更多的时间？算了吧！”

“四个月，也就是到年末。我也许可以把时间拖到明年八月。那就是一年了。我们在一年之内做好它即可。”安迪说。

“你怎么可能拖到明年八月？”我质问道。我的语气清楚地表示：你以为你是谁？但是安迪没有介意。他只是微笑着说："我有一个主意，你信任我吗？"

"反正我也没什么可以失去了，"我答道，试着报以微笑，"共好，朋友？"

"共好，朋友。"他说着，冲我竖了竖大拇指。

安迪再一次头也不回地离开了。我站在那儿，目送他的摩托车远离，思索着。好吧，既然我已经准备用松鼠的理论（还有将来的海狸和鹅）来管理这家工厂了，为什么不相信一个车间主任能够胜过老头子莫里斯，影响董事会呢？

海狸的方法

星期五早晨，当我在桌子的主位就坐时，我的部门经理们鱼贯而入。一开始，他们的陈述含糊而又简短。我拿出最大限度的温和与耐心，颇费一番周折之后，他们才终于吐露出一些真实的感受和想法。他们内心的确存在着些许自豪感，但是很明显，要让他们敞开心扉还需要一些时日。他们对需要我们发愤图强才能完成的高难度增长目标不感兴趣。谈论价值只能引起他们小小的兴趣。

今后这些部门经理将在沃尔顿 2 号工厂的共好中扮演重要的角色。没有他们的辛勤劳动和支持，此事不可能成功。但这是未来的事，离现在还很远。

我宣布，从星期一开始，我们每天都要开一个小时的会，讨论三件事：我们为何身在此处，我们的长期目标和短期目标应该是什么，我们崇尚什么价值。我对我坚持的一些价值和目标没有疑义，但我想先听听他们的看法。

星期六中午，安迪出现在我的办公室门口。

“我猜你会在这儿，你不能整个周末都待在办公室里。你想做什么？去电影院看牛仔怎么获胜，还是去木屋消磨午后时光？”

“我想我已经看过那部电影了，还是去木屋吧。”

于是我们开始了一项传统：每到周六下午就去木屋。

我问他关于将工厂倒闭的期限拖到圣诞节以后的点子想得怎么样了。

“很糟糕，”他大笑，“不过别担心，我正在想另一个。”

他的自信并没有让我获得多少宽慰。在木屋，我们检视目前的进度，为下一周制订计划。星期三，我们把进程往下推一个等级，从部门经理推广到车间主任。这将会增加五十人。下周我们要推广到领班，再增加两百人。

那天下午，我问安迪为什么他的爷爷用“共好”这个词。它明显和松鼠、海狸和鹅不相配。“是不搭调，”安迪同意道，“但它和我爷爷很配。他参加过‘一战’，他说话时夹杂着很多军事用语。”安迪接着告诉我，“共好”是中文“共同工作”的意思，也是“二战”中卡尔森突击队[1]的标语。

当我试图打探海狸方法的相关事情时，安迪板起了他那张印第安面孔，不露声色地吟咏道：“下第一场大雨之时，就是海狸的方法到来之日。”我确定他是在用这种方式告诉我，我还有很多其他的事要忙。他是对的。

① 在海军中校伊万·F·卡尔森（Evan F. Carlson）的领导下，第二海军突击分队的战士们以他们的激情、团队合作和杰出的战绩而闻名。这支部队在珍珠港事件发生七周后成立，它的成功被记录在由W·S·勒弗朗索瓦（W. S. Le Francois）所著的书《共好！》中。当这本书被拍成由战时荧幕偶像兰道夫·斯科特主演的（罗伯特·米彻姆担任配角）电影时，“共好”（Gung Ho）这个词，终于在我们的语言中固定下来，用来描述投入某个目标中的无限激情、精力和奉献。

接下来的几天充实，忙碌，有时甚至还很好玩儿。我也时不时地感到恐慌，因为忧虑而夜不能寐。每当路过操场时，我都会忍不住看那些孩子，意识到他们的父母在我的工厂里工作。

焦虑使人麻痹，为了战胜它，我每天早晨都要巡视工厂，然后去对面的大楼，精加工车间就在那里面。它是一颗共好的明珠。它是我的护身符，它的存在证明共好是可行的，只要我有实施它的才能。只要我有时间。

下午，我遍访主厂的每个车间，身后总是跟着一位部门经理。我和工人会面，并且按照安迪的建议，称呼他们为团队成员。

在这些会面中，我的工作就是向他们指出，沃尔顿2号工厂是如何让世界变得更美好的。一开始他们并没有全部买账。但他们倾听了，而我每次与他们会面都重复这条信息。

一旦他们明白我确实想要共同商讨制定目标，而不是由我或部门经理强加给他们的，他们就开始敞开心扉。他们不鸣则已，一鸣惊人。但和部门经理们一样，他们把焦点放在他们想让公司做什么上，而不是他们自己会做什么。要让他们把公司和他们自己看成一个整体，还需要一些时日。

有趣的是，随着他们逐渐参与设定目标，他们逐渐接受我的说法：他们的工作使世界更美好，他们很重要。设定目标和理解工作的真正含义，两者相辅相成，循序渐进。

我难以把讨论引导到价值上去。安迪说这不出所料。价值是公司的，但也是私人的，而人们不会轻易谈论私人的事。要有耐心，他说，该来的总会来。

但过程是缓慢的。两周后，我感到人们的态度有了变化，但我知道那是脆弱的。不管海狸的方法和鹅的礼物是什么，想让工厂维持到新年的话，它们必须是非常强大的东西。

“一年。”当我为进度缓慢而担忧时，安迪抗议道，“别忘了我正在争取一年的时间。”

“抱歉，我忘了。一年，但是即便是那样……”

“那到时，我们就昂首阔步地走出去。但我敢打赌能争取到一年的时间，我也敢打赌我们一定能成功。”

有一段时间，我猜安迪肯定每个星期六都去看电影，心里想着“这个星期印第安人总该赢了吧，这个星期牛仔肯定会输”。我珍视他的乐观，但这种乐观不是我能分享的。

此时，我已经把“松鼠的精神”海报的意义告诉了我们的部门经理们，但我还没有告诉他们这个点子的源头和我最终的共好目标。现在还不能让这些部门经理知道工厂里有人比他们更懂得如何管理生产，他们还没做好准备。

但他们对我的设想很感兴趣，我们还一起把工作推广到整个工厂，只有一个例外——精加工车间。辞退了部门经理之后，我亲自接管了这个车间。我和车间的员工开会，告诉他们我的计划，让他们发誓保密。

“还没等我们开始，车间之间的竞争就有可能毁了整个计划，我希望你们现在保持低调。”

精加工车间的工人做出了保证。

我自己也做了保证。工厂里原本就有150个团队成员比我更了解共好，但我向安迪保证不去向他们打探。他说循序渐进是很重要的。

于是我致力于灌输松鼠的精神：第一，明白沃尔顿2号工厂让世界变得更美好。第二，为共享的目标努力工作。第三，确保价值指导所有计划、决策和行动。

对我来说，最艰难的就是开放信息流。在这个时间点上，我只是试着把一些基本的东西交到车间主任手上。从各方的反应和我遇到的阻碍来说，你会以为我正试图向敌人泄露国家机密。但我决心已下，当我开始含含糊糊地提起遣散费时，部门经理才勉强提供少许信息。我承认，威胁并不是获取支持的最佳方法，但我之前就不是一个完人，现在也不是。不过，今天我格外注意自己的言行，并且努力尊重他人。

接下来的周六，安迪在我们出发去木屋之前，装模作样地观看了好一会儿天象。然后，他摘下一片叶子在手里揉碎，接着把碎片抛向空中，任由微风将它们带向不远处。安迪看着碎片落在地面上，在一阵短促但听起来非常正式的吟唱之后，他宣布："暴风雨将至，行程取消，明天讲海狸的方法。"

他闪烁的目光，和他对周六下午场电影里印第安语的夸张模仿，已经露出了些许端倪，但我还是上当了。

"你能从晴朗的天空和碎叶子看出暴风雨要来了？"

"这些，再加上魔盒里的天气精灵，"安迪断言道，"就是一副灵丹妙药。"

安迪抬头望天，伸出双臂，仿佛要拥抱天堂，然后他吟咏道："知道天气精灵的名字，你就能看见未来。"

"是吗？"我满怀期待地追问道。

"威拉德 · 斯考特。电视二台，早上 7 点。然后是桑迪，本地气象预报员。非常可靠。灵丹妙药。至于那些叶子，那是专为游客和好骗的老板们准备的精彩表演。"

一瞬间想要报复安迪的想法掠过脑海，但我还是以最甜美的笑容向他表示，我是开得起玩笑的。

海狸的方法已经近在眼前。安迪已经做出承诺，我会在第一场大雨到来时学到他爷爷的海狸的方法。

魔盒的预告的确是灵丹妙药。下午三点开始下雨，瓢泼大雨持续了六个小时。工厂边的河水从原来的平静缓流，变成了狂暴的洪流。显然，每到九月时都有这样的雨。

当我第二天中午离开教堂时，天空已经放晴，温暖的太阳照耀着湿漉漉的沃尔顿。但我的精神没有被浇灭。我们已经有了大雨，接下来就是海狸的方法了。

安迪的圣公会仪式比我的长老会仪式提前十分钟结束，所以他在外面等我。

"共好，朋友。"当我沿着人行道快跑并爬上摩托车，他向我打招呼。

"共好，朋友。"我一边回应，一边扣好头盔，把手臂缠在安迪身上。"我们开溜吧。"

我们的目的地还是小木屋，但安迪坚持先吃午餐。"我们有一下午的时间来谈海狸的方法。"

"安迪，我们正在讨论的话题关于1 500个人的前途和整个沃尔顿镇呢。"

"吃饭第一，海狸的方法第二。"

负罪感或者恐吓不会带来任何好处。我照他的建议吃了三明治，想到即将揭开下一道谜题，我感到些许的安慰。那是挽救沃尔顿2号工厂的下一把钥匙。

“我估计吃完午餐后你会像往常一样打个盹儿。”我指责道。

“当然不会，我们还有工作要做。是时候上路了。”

然后我们就上路了。我们以轻快的步伐穿过木屋后面的树林。沿着小路，很快我们来到了一条陈旧的废弃伐木道路，顺着它走了一英里。然后我们向右拐，走上另一条小路，来到了一个被狭窄的小径环绕的池塘边。

大雨让池塘水位大涨，超出了它的容积。树木伫立在水中。在几处地方，小径被淹没了。我们偶然发现在池塘对面有一棵树，我可以看到水面十英尺之上，有一块木板被钉在两根粗壮的树枝和树干之间。面前一把梯子迎接着我们。

“我们到了，”安迪说，“上去吧。”

我们在树上找了个完美的位置来观看被大雨破坏的海狸坝。堤坝是由树枝和泥土筑成的，水正漫过一块原本十五英尺高但已经缺失了最上面两英尺的坝面。新的树枝已经被固定在旧的基部上。

我们盘腿坐下，安迪把双筒望远镜递给我。

“海狸通常在晚上补修堤坝，但这次的破损很严重。它们会在白天就开工。那边是它们的巢。”

“你指的是那一堆棍子？”

“就是那个。巢的入口在水下。巢里面的地板在水面之上，但水可以保护入口。即使我们在外面拆它们的家，它们也可以从水下溜走。控制水位对它们来说很关键。”

“松鼠的精神。”我评论道。

“没错。但比起松鼠，它们的社会更复杂。这里有更多的事发生，有更多的东西要学。”

我们静静地坐着等待。我不知不觉地开始思考接下来的几个小时承载着多少意义。即使我想忘记时间的流逝，老头子莫里斯总会在那儿提醒我还剩下多少日子。

“听说你开了很多自我感觉良好的会。”他周五打电话时就已经抱怨了，“如果你用这些时间来工作，你或许还能拯救工厂。开会是无法获得成功的。你必须脚踏实地地工作。不过，你还是去开你的会吧，圣诞节快到了。”

我知道他在脑海中为我设想的圣诞节是什么样的，但我就是不想遂他的愿。然而时间是站在他这一边的。安迪继续宣称他有一个计划。没有它，我们就只有三个月的时间去完成不可能完成的任务。

一个灰色的脑袋从水里探出来，毛皮湿漉漉的。当海狸开始移动时，三角形的波纹在它身后如影随形。这时又有三个脑袋冒了出来。

安迪平静地说：“只有和海狸的方法配合，松鼠的精神才能达到共好。”

很容易就可以看出，为什么我们的语言里有“忙如海狸”(Busy as a beaver）这一说。像松鼠一样，它们看起来不知疲倦。幸运的是，高水位使它们可以很容易地够到许多树木。它们用牙齿把树枝切断（我发现这一过程十分嘈杂），然后在水里把断枝拖到要修缮的地方。它们嘴里咬着树枝下潜或衔起一根粗重的树干，寻找能够嵌入的地方。有那么一两次，水流冲刷掉了好不容易才安在堤坝上的树枝。面对这种不利因素，海狸早有对策。它们立刻转身去找下一根树枝。

我看着它们，为支撑着它们的干劲和活力所着迷。安迪又一次平静地说道：“海狸的方法回答了一个问题：谁在这里掌权？”

海狸老大？要看出哪只海狸比较年长并不太容易。我看了半个小时还是一无所获。它们究竟遵循着怎样的行为模式依旧成谜。每当我自以为发现了答案，就立刻被否定掉。最后我只得认输。

“抱歉，安迪。我看不出来。看起来根本就没有掌权者。”

我温柔地说。

“如果没人掌权，那么是谁告诉每一只海狸接下来该做什么、该怎么做的呢？”安迪质问道。

“我猜它们是自己告诉自己的。”我大胆推测道。

“答对了！”安迪热情洋溢地宣布道，惹得一只海狸用尾巴敲打水面发出响亮的警告，四只海狸一头栽进水下。

“哦，把它们吓跑了，”安迪以平常的语气说，“不过没关系，它们会在水下待个几分钟。正好给我们一个机会可以好好说话，不用说悄悄话了。”

“海狸的方法就是做自己的老板？”我问安迪。

安迪没有回答，而是把手伸进口袋拿出一个木雕，我立刻认出了是什么。那是安德鲁·佩顿雕刻的海狸。这只海狸以尾巴撑地，用后腿站着。它用前爪把叼在嘴里的一根木棍固定住。细节的处理依然高超。

我没有停下来欣赏木雕，而是把它翻过来，跳过名字、日期，直接读第二个秘诀：

海狸的方法：

控制目标的达成

安迪说：“每只海狸都对自己的目标有很大的控制权，它们自己决定应该如何完成工作。它们就像独立承包商一样运作。”

就是这个方法。海狸的方法。如果我对它确切的意义有任何的疑问，安迪会立刻做出解释。

“如果每个人都有松鼠的精神，但管理层强迫工人按照管理层的守则来工作，这样的组织成不了共好。管理层的方法很有可能和工人的方法不一样，所以工人们没有办法尽情施展。另外，工人的方法很有可能更好，而且好很多。目光短浅、心胸狭窄的管理层是共好的大敌，它通过维持老板的专断来不停地消磨工人的自尊心。”

“啊！这听来就像是沃尔顿2号工厂。”

“本来就是，不是吗？”安迪带着招牌式的直率说道，“这些海狸之所以能完成这项建筑奇观，并不是因为有其他海狸在向它们发号施令。如何修缮堤坝全由每只海狸自行决定。如果它们想从一端开始工作，可以。如果它们想带些树枝来，很棒。它们践行自己的最佳判断。

“这些海狸做这些事情是出于自己的决定，而非他人的命令，理解这一点很重要。海狸的方法意味着必须由团队成员来掌控目标的达成。爷爷说，这叫用正确的方法做正确的事。”

“这次听起来就不像沃尔顿2号工厂了。”

“是的，不像。那些人算不上是团队成员。他们是工人——他们的职责就是服从命令。既无聊，又不充实。但一旦你让雇员们对如何工作拥有真正的发言权，并且他们也接受这个挑战，工厂马上就会发生翻天覆地的变化。”

“我对我们前进的方向有发言权吗？”我纳闷儿道，“在我听来，你好像建议把工厂交给工人，当然，我们现在称他们为团队成员了。”

“完全不是。你身为总经理的工作和所有其他的领导者一样。让人们知道工作为什么是有意义的；决定前进的方向；确保团队共享目标；帮助建立价值；合理配置资源；监控制度制定者；确保自己获得组织内外的支持；时刻关注未来，避开危机，随时准备调整方向。

“至于团队，你必须让真正干活的人工作。作为领导者，你的职责就是确定工厂的目标。而团队成员的职责就是帮你达成目标。”

我以为安迪已经讲完了，但他又继续说起来，教给了我这一天我所学到的最重要也最有用的东西之一。

“通过制定关键目标和价值，你设置好了场地和比赛规则。你决定谁来踢哪个位置。然后你就必须退场，让选手们上去踢球。

“目标和价值就像边线，必须让选手们知道，只要他们遵守规则，他们就可以到线内的任何地方去。还必须让他们知道，只要比赛一直在进行，你就会待在场外。

“如果你想让你的人做主，就必须让他们获得完全的自由，而自由来自于清楚地知道自己的界限。明确走多远才算出界，明确老板不会闯进来插手，这两点必须配合起来。”

“这有点儿悖论的感觉，”我说，“当我为人们能走多远设定界限时，我也赋予了他们移动的自由。”

“当你告诉他们可以走多远时，你真正表达的意思其实是你会走多远。”安迪回答，“爷爷说，神在海狸的脑袋里画了一幅画，向它们展示完美的堤坝是什么样子的，又给了它们河流和一些树木，然后就放任不管，让它们自己做主。”

短暂停顿之后我说：“如果每个人都像那些海狸一样自作主张，自行其是，即便目标和价值设定了界限，还是有可能会搞得一团糟。”

“如果人是海狸的话，就有可能，”安迪说，“但我们不是。有几样东西让我们有别于其他动物。手指、语言，以及——使我们远超过其他物种——我们会为了达成目标而合作。记住，通过松鼠的精神，我们已经建立了为人理解和共享的目标。当然，其中会有些特立独行的人，只要数量不是太多就不是坏事，但你最好找天生就乐于合作的人。

“真正的成功管理秘诀是，发现人们的天赋，然后研究如何改造组织，以充分利用这些天赋。很多经理在反方向上努力。”

“也许是有天赋的，但我还是感觉这个过程会很艰难。”我说。

“确实，你绝对不会一帆风顺。当老板却不摆老板的架子是很难的。你必须具备很强的自尊心。但是对团队成员来说，只会比你更艰难。”

“为什么？他们会得到更多的主动权。这怎么会艰难呢？这不正是他们想要的吗？”我问。

“那是他们中的大部分人想要的，而且他们会及时地做出回应。但是改变是很艰难的。他们也许不喜欢现在的管理方式，但至少他们知道如何应对。熟悉的旧问题比陌生的新问题更让人安心。”

海狸开始在池塘的远处浮出水面。我们陷入沉默，观看它们回去工作。用海狸的方法工作：每个人都对目标的达成有掌控权。用正确的方式做正确的工作。

过了一会儿，其中一只海狸受到了惊吓，只见它一甩尾巴就潜入了水下，其他海狸也紧跟而下。

“我们最好也上路吧，”安迪说，“我们可以在回去的路上继续讨论。”

我们把海狸木雕裹在保护罩里，放在安迪的背包中，我还不想离开，但安迪向我保证我们还会回来。“你得等到明天清早才行。只有决堤时，它们才会被迫在中午出来。”

当我们绕过池塘，回到伐木道路，安迪继续他的讲座。

他爷爷曾说：

海狸的方法

实现了

神对海狸的计划

我边走边想：“这真有意思。你爷爷说，松鼠的精神实现了神在森林里的计划，现在又说海狸的方法实现了神对海狸的计划。”

“第一个针对社会的需要，”安迪回答，“第二个针对个人的需要。”

“海狸的方法描述的是个人对组织的关系。一旦你知道了这个，其实你就知道了另一个。那就是组织对个人的关系。”

“具体是？”

“仔细想想。每只海狸受到其他海狸怎样的待遇？”

“我猜待遇不错。”

“你的意思是？”

“嗯，他们看起来不会咬来咬去或者打架。它们不像松鼠。松鼠看起来总是在追着其他松鼠跑。看着它们争来争去，你会以为种子不够它们吃。”

“唯一比摆架子的老板更糟的情况就是每个人都想当老板，”安迪说，“除此之外呢？它们有没有打搅其他海狸的工作？”

“没有。如果一只海狸放好了一根树枝，其他海狸就不会管了。”

“又对了，”安迪，“海狸互相尊重对方。如果你做的每件事都被别人搞得乱七八糟，你就不可能有掌控权。海狸不会藏着一棵好树不告诉其他海狸。它们可以得到任何有利于工作的东西，而这包括涉及所有事情的完整、准确、实时的信息。没有秘密。如果你想掌控你的工作，就必须让组织里的其他人支持你。”

然后安迪说：“记住，真正有掌控权的人，是为尊重个人价值的组织工作的人。他们的想法、感受、需要和梦想被尊重、被聆听、被实施。”

当我思考此事时，我们全都一言不发地走着。海狸的方法涵盖组织对个人的关系、个人对组织的关系两个方面。前者是个人掌权，对目标的达成有掌控权。后者是组织鼓励、允许个人这样做。当这成为现实时，个人的想法、感受、需要和梦想会被尊重、被聆听、被实施。

“这其实就是管理的黄金法则，对吧？”

“这种说法我倒没想过，不过你是对的。你要做的无非就是把每个个体当作人来尊重。做到了这一点，你就做到了全部。”

我笑了一声。

“什么事那么好笑？”安迪惊讶地问。

“抱歉，绝对不是对你爷爷不尊重。我只是在想，这和老头子莫里斯的黄金法则真是截然不同。他说，‘有黄金者制定法则’。”

“听起来像他的风格。”安迪说，“就像我以前跟你说过的，做老板而不摆老板的架子需要很强的自尊心。我不觉得他很有自信。”

我从来没想过这个，但我意识到安迪肯定是对的。老头子莫里斯只会在别人失意的时候得意。

我已经到达伐木道路上的一处被暴风雨冲刷过的地方，这里只留下一道泥泞不堪的坑。安迪帮我跨了过去。

“我们已经谈论过海狸方法的两个方面。其实，总共有三个方面。比起硬币，它更像是个三角。第三个方面是海狸做它们能做的工作。它们用树木和泥土来修筑堤坝。如果要它们去修筑一个混凝土堤坝，它们绝对掌控不了目标的达成。海狸的方法需要的是可达成的工作。爷爷说你必须给予员工他们能做的工作。你不能要求员工去完成超出他们正常能力的产量，或者不给员工提供培训就要求他们具备某项技能。”

“这个可以理解。”

“哈，”安迪哼笑道，“对你来说也许是这样，但你最好去看看工厂里的实际情况。生产标准有时要求用八小时的时间和薪酬实现十小时的产量。自从十年前某个从总部来的傻瓜把那些数字贴到墙上以来，还没有哪个人或者哪个车间达成过。但是它们到现在还贴在那儿，从来没变过。”

“我会处理这件事。”我宣布。

安迪说得兴起，不准备就此罢手。

“工厂还有正相反的问题。事实上，那更糟。还不止一点点。我们还有很低的产量标准，即使是状态再差的日子，都可以轻轻松松地在中午就完成任务。把标准定得低，并不会让人开心，只会侮辱他们。”安迪一边说，一边把一块土踢起，以示强调。

“我以为他们会为可以偷懒儿而高兴。”我说。

“表面上看起来是这样，但在内心深处，你可别信以为真。当一个人知道他正在占公司的便宜，没有堂堂正正地挣钱时，他的自尊会急速消减。这个时候别人会说是你架子太大，但这治愈不了受伤的心灵。如果你不能让员工通过一天的工作来赚一天的钱，你就是在贬低他们。他们不会轻易原谅你。”

“真有趣。我记得父亲说过，交他应缴纳的税款是美好生活的一部分。我从来没听到过有人把交税当成美好生活的标志。但他是对的。我一直都以自己是纳税人、为社会做贡献为荣。”

“让别人不劳而获是最贬低人的。不让别人做贡献、施展自己的能力也一样。”安迪同意道。

“这同样也适用于技能水平，”他继续说，“每当你要求人们做他们没学过的事情时，你就是在挖共好的墙脚。看一看你的培训预算！我每年花在买食品杂物上的钱，都比整个工厂每年花在技能培训和技能提升上的钱多。

“当那些新人三年前来到H区时，他们能拿到车间手册就已经很幸运了，更别提培训了。部门经理还在纳闷儿为什么生产率下降了。生产率没降到零才是奇迹。”

“所以，这就是答案？”我问，“即使我们好好做了培训，如果我要求太低，我还是会侮辱他们。而且，你还说要求太多也同样不好。我应该怎样找到中间的位置？”

“答案不是找到中间位置。”安迪说，“仅仅让别人去做他们轻而易举就能做到的事，他们不会体会到共好所需要的成就感。你必须挑战他们的极限。让他们去做需要全力以赴才能做到的事，允许他们去学习，向未知的领域前行。”

安迪的建议符合我的经验。

“这很有道理。当我有一个非常具有挑战性的问题需要解决时，我总是最开心的，”我答道，“而且我相信我能解决它。比如说现在：‘共好’我们的工厂。这是几年来我感到最有活力、最兴奋的时刻。”

“这的确是一个挑战，而我也相信你能成功。前提是他们没有在那之前就关了我们的工厂。在现实中，你必须时刻准备迎接牛仔再一次获胜的结局，尤其是轮不到你写剧本的时候。”

安迪给兴奋的我泼了一盆现实的冷水。这是一个让人警醒的现实。我们的时间有限。

在这一刻，森林仿佛读懂了我的心思，它给了我相同的讯号。

当我们刚刚从伐木路走上了通往木屋小路，伴随着一声哀鸣，一只灰色的大鸟飞向空中。

“那是什么？”我问，只见安迪停下来看着那只鸟有节奏地拍打着巨翅，沿着小路上方滑行，最后消失在路的左侧。

“猫头鹰。一只灰色的猫头鹰。”

“我以为猫头鹰会发出友好的‘呜呜’声。那只鸟的叫声听起来好像是在忧心天下苍生。”我说。

“也许真的是这样呢。”安迪冷静地答道，“夸扣特尔族印第安人相信，人将死的时候会有一只猫头鹰呼唤他的名字。”

“玛格丽特 · 克雷文，”我说，因为我突然想起了一个作者的名字，多年前我读过她的小说《我听见猫头鹰呼唤我的名字》（*I Heard The Owl Call My Name*）。

“很棒的书，”安迪说话的同时开始在小道上走起来，“而如果你是印第安人，你对猫头鹰会有一种截然不同的敬意。”

然后安迪严肃地补充道：“爷爷死的那天，他雕完了一只猫头鹰。我想，一定是猫头鹰在等待着他去完成。”

我知道安迪在礼拜日参加唱诗班，在周二晚上带领青少年学习《圣经》。但同时，他仍然尊重印第安传统，这种传统指引了数代朗克罗家庭成员。

在回木屋的路上，我们几乎没有再说话。除了思考猫头鹰出现的不祥预兆和安迪教给我的东西以外，我正在设计一张新的海报。我估计我可以在最上方画一只很像样的海狸。

海狸的方法：
每个人都掌控着目标的达成

1 一个界限明确的场地。
2 想法、感受、需要和梦想被尊重、被聆听、被实施。
3 能做到，但有难度。

我所要做的就是在 14 周内把它变成现实！我想知道鹅的礼物是否能加快它的进程。回到木屋的门廊后，我问了安迪。

“大有帮助，”他点头说，“鹅的礼物会在 11 月的第一周到来，估计有 1 周的误差。”

“为什么要这么久？”

“只有到那时鹅才会从加拿大迁徙过来。”他的话语中带有一丝惊奇，言外之意是："你们城里人难道什么都不懂吗？"

"太好了。到 11 月才有鹅，"我抱怨道，"离决定命运的日子只剩八周。"

"一年，我正在努力拖到一年。"

"如果不成功，"我微笑地看着他，然后我们异口同声地说，"昂首阔步！"

安迪知道我在担心沃尔顿 2 号工厂被猫头鹰呼唤走。当我们骑摩托车回到小镇时，我一反常态地郁郁寡欢。

"除非你相信自己能赢，否则我们不可能赢。"他放我下来时说道。

"我们能赢，安迪。问题是时间，我们没有足够的时间。我们已经有了松鼠的精神，现在你又教给了我海狸的方法。但我们没有时间。"我痛苦地说。

"你可以控制你的态度，而你的态度会投射到大家身上。如果你以现在的样子示人，一切就完了。记住，你站在舞台上。你必须做出表率。当我让精加工车间变得共好的时候，无数个日子里我都不想起床，事态实在太糟糕。我孤身奋战，没人在乎这家工厂，我也纳闷儿自己为什么要在乎。但我必须摆出最完美的表情，投入每天的工作。"

“你为什么在乎，安迪？”我问。

“这是我保持理智的方式。我的家人都过世了，我必须做点什么。一想到自己的状况，我就痛不欲生。我必须为别人做点什么。然后，当爷爷死的时候，我意识到我是他唯一的孙子，共好是我们两个唯一可以留下来的东西。虽然我不能把我的基因和DNA（脱氧核糖核酸）遗传下去，但我至少能把共好流传下去。”

这番鼓舞士气的话让我幡然醒悟。尽管安迪没有明说，但显然我现在也是链条中的一环了。

“明白了，安迪。”我尽可能欢快地说。

“共好，朋友。”他一边回答一边开车离开。

“共好，朋友。”我大喊。

安迪还是像往常一样没有回头。

星期一我醒来时，看到太阳攀上了花园的墙，我试着朗读母亲最喜欢的《圣经》诗节：今日乃主所创造；生活在今日我们将欢欣、高兴。更大声一点，我告诉自己。我再一次用最大的嗓音吼出来。就是这样！这样感觉好多了。我断定我已经把一百英里以内的猫头鹰全吓跑了。

抵达办公室时，我已经整装待发。粉笔和海报在手。在周一下午会议开始前我还有工作要做。

当会议开始时，我直接切入主题。

"今天我想添加一条新的议程项目：我们如何实现我们的目标？"我宣布道。

部门经理们焦虑地看着我。在我再次开口前，我缓缓地巡视桌子四周："我有一个计划，一个最保险的达成我们目标的方法。听到这个你们很高兴吧。"

高兴不足以说明他们的反应。危险时刻已经过去了。他们很庆幸没有被点到名。紧绷的肩膀放松了，皱着的眉头舒展了。然后，我向他们发难。我知道我不应该以此为乐，但我忍不住。

"我的计划是这样的。我要让你们决定自己要做什么，怎么做。你们比我更了解自己的部门。如果由我来告诉你们应该怎么做，那我就太愚蠢了。"我说完后稍作停顿，以便他们理解透彻。

“不过我的确有个建议。你们的团队成员对实际生产现场的了解，比你们和我要强一百倍。让你们的团队成员参与进来，征求他们的想法和计划。相信我，这些想法和计划将比我们想到的任何点子都要有效。”

征求工人的意见不是这些经理通常会做的事情。事实上，他们从来不这么做。趁他们还没在脑袋里提出太多的反对意见，我直接提出了海狸的方法。

“我跟你们说过松鼠的精神：以理解其真正意义为基础的有意义的工作，共享的目标，以价值为基础的计划、决策和行动。我知道你们觉得这很荒诞，但我认为你们会赞同，以这种方式来表现一种强大的管理工具是很棒的。”

我可以看到几个人微微地点头。至少我赢得了他们的同意和关注。

“今天我想跟你们讲一讲海狸的方法：松鼠的精神只有在应用了海狸的方法之后才有价值。我来给你们展示一下我今天早上做的海报。”

我不敢说经理们充满了热情或者渴望，但他们的确津津有味地听着，在会议结束前，他们还答应会试着征求一线工人的意见。谁知道这究竟意味着什么呢？但我估计，我已经做得够好了。给我六个月的时间，我也许能让他们都站在我这边。

之后周六的木屋计划会议上，安迪和我决定，是时候将松鼠的精神和海狸的方法与共好结合了。周一下午，我会带着17名部门经理去巡视一遍精加工部门。

至今我对沃尔顿2号工厂中发生的事——或许应该说没有发生的事——仍感到震惊。17位部门经理，他们管理公司最没有效率的部门，坐在整个公司中最高效的部门的上方，但他们对此却视而不见。当然，他们从未想过去了解其他部门发生了什么事，或者有什么经验可以学习并运到自己的部门。

“我打赌如果你不是印第安人，他们会争先恐后地扑到你的车间里来。”我有一次对安迪说。

“我不确定，”安迪半信半疑地说，“以我的经验来看，如果你是印第安人，别人首先就不相信你会在管理学上有所建树。但是，那些部门经理沉浸在自身所散发出的光辉里，根本就不会注意到我，更何况我还是印第安人。”

安迪也许是对的。部门经理们从来就看不到经理办公室三尺之外的东西。他们的目光根本就不可能转移到精加工车间上。

为了把聚光灯打到真正的舞台中央，我们断定是时候让现实来挫一挫他们的锐气了。运气好的话，共好的承诺会把恐惧维持在最低点，而现实状况又能牢牢吸引他们的注意力。我必须走一条折中路线。

“今天我既有好消息也有坏消息要告诉你们。”周一早上我这样开了场，“首先，坏消息。”

我吸引了他们的注意力。他们抬起头满怀期待地看着我。

“除非我们能在年底前大幅度地提高产量，能让这家工厂在新的成本计算政策下赢利，否则总部就会让我们关门。”

每一张脸上都写满震惊。然后，17 种声音突然同时提问，争相吸引我的注意力。我举起手，他们陷入了沉默。

“我还说过我带来一个好消息。想要挽救我们的工厂，我们只需要把生产率提高到和集团里的其他工厂同样的水平就行了。他们没要求我们做非同寻常的事情。别人都是这么做的，所以我们也能做。我们的设备和他们的一样好，我们的工资水平跟他们比也不错。但是我们有一个‘人和’的问题，而我们必须在圣诞节之前解决它，否则我们就只能走人。”

众人发出抗议、抱怨、辩解，大喊不公，对总部遍地蠢人的现状发表看法。我给了他们几分钟尽情地发泄。然后我又举起手要求保持肃静。桌子四周的抱怨声这才停歇下来。

“我还要宣布另一个好消息。整个集团生产率最高的车间就在我们的沃尔顿2号工厂。那就是精加工车间。我们只需要学习他们现在正在做的事，了解他们这样做的原因、方法和时间，然后推广到工厂的其他部门去即可。”

这应该能激发他们的斗志。你问我他们的反应？不置可否的沉默。我决定把这当作一个好兆头。安迪的乐观一定已经传染给我了！我会再接再厉。

“最好的消息是，我们已经开始做了，”我宣布道，“精加工部门的成功离不开三个秘诀，我们已经开始推广其中的两个：松鼠的精神和海狸的方法。你们知道这件事吗？”

沉默和尴尬在四周弥漫。

“你们中间有人去过精加工车间吗？”

没有一个人说话。32家工厂中最高效的车间，17位部门经理就坐在它的上方，却没有一个人知道这件事。

好吧，我来启发他们。

“整个过程叫作共好。精加工车间的每一个人都做到了共好，到今年年底，沃尔顿2号工厂里的每个人都必须做到共好。就这么简单。”

原先的计划是到此为止，然后带着17位部门经理去精加工车间。但我却不自觉地继续说起来。

“我知道我们的时间很仓促，但我们已经把松鼠和海狸精神收入囊中五周了。我们还有一个选择。总部认为我们是一群没用的废物。他们认为我们做不到。他们认为沃尔顿 2 号工厂死定了。我认为他们错了。我认为老头子莫里斯错了。我认为我们可以让这个地方重获新生，让总部那些只会搞文书工作的领导承认他们说错了话！”

安迪说过，恐惧把人们凝聚在一起，但这是一着险棋。随着经理们逐渐面对现实，恐惧被抑制住了，因为还有另一个被我们遗忘的强大激励因素：自尊与共同的敌人。松鼠的精神已经给了我们些许的自尊。总部想要抛弃我们的图谋又提供了一个绝好的共同敌人。当我说要让那帮官员承认自己说错了话，我马上就感受到了房间里气氛的转变。并不排除 17 个个体融合为一个团队的可能性。

安迪将会带领他们巡视。我设定好了规则。提问只能局限于松鼠的精神和海狸的方法。禁止提问精加工车间成功的第三个秘诀——鹅的礼物。

第二条规则，在巡视完之后，我们将远离精加工车间。我的解释是，我担心车间之间会出现竞争。这种事情他们是了解的。17 位经理全都心领神会地点头。

我们穿过停车场来到D号楼和精加工车间，经过一条这17个人从来没走过的路。安迪在外面迎接我们。他身后的门关得紧紧的。

“我猜辛克莱女士已经滔滔不绝地跟你们讲过那些关于松鼠和海狸的胡话了。”他开腔道。其他人惊讶，而我则是震惊。

“你们能过来是件好事，”他板起了脸，“我无意批评别人，但是压力有时候会让某些人崩溃。”

不是别人，他说的正是我！

“你们最好跟我去生产车间看看现实世界是什么样的。让那些懒人在机器边上埋头干活儿的唯一方法，就是用链条把他们拴住，但是法律不允许我这么做。”

大约一半的部门经理面露疑惑。另一半随时准备为制定“链条法”投票，作为一种合理的提高生产率的法规。

“注意脚下，”安迪一边说一边走向门口，“地面可能会很滑，还有些灯泡烧坏了。”

安迪描述的景象和工厂的其他地方没有太大的不同。部门经理们知道该期待些什么。当他们进门时，他们立刻呆住了。这是一个30 000平方英尺的壮丽殿堂。唯一的不和谐音，就是安迪跟着他们走进去时的窃笑。

“就像我说的，这里就是个懒人窝，”安迪大笑着说，“但是我们有改善的计划。为了让它变得更好，我们有一大堆事情要做。”

“这里不像工厂，更像是办公室。”一位吃惊的部门经理脱口而出。

“为什么不是办公室呢？”安迪答道，“这里就是每个人的办公室。”宽敞的窗户给照耀着工厂的大型灯增添了自然光。墙上挂着栽有绿植的吊篮，大部分地板都铺上了地毯。地毯！

各种各样的设备都擦得锃亮发光，满墙都是图表和海报。车间的规章也在墙上。还有那些人！不论男女，大约有一百人在上日班，每个人都穿着亮红色的制服衬衫和灰色休闲裤。

“我们被耍了。”一个部门经理嘟囔道，其他人则大笑。我释然地呼出一口气。如果是我，我不会采取这样的方式。但我记得海狸的方法：每个人掌控着目标的达成。理论上听起来不错，但要彻底接受这个方法还需要一些时日。

部门经理们被打动了。那些团队成员外表精干，动作敏捷，而且整个车间都打扫得一尘不染。光看着这些人工作，你就能感受到一股积极向上的紧张感。

当我的 17 名主管被眼前的景象所惊呆时，我却为他们对多年来发生在眼前的事情视而不见，也从未想过要去一探究竟而感到惊奇。

安迪曾经告诉我，没人来打扰他们是一个很大的优势。“要把那些夸张的画挂上墙，我们就必须拥有自己的大楼。所有人都忽视我们，包括我们的部门经理在内，我们反而得到了很大的好处。如果每个人都盯着我们看，我们一开始就不可能获得发展共好的自由。”这就是可怕的真相。

“如果这个车间和工厂其他部门有任何相似之处的话，一定纯属巧合。”站得离安迪最近的部门经理评论道。

“它并非一直都是这个样子的。”安迪说。

“当我接管这里时，这里脏兮兮的。我过去动不动就炒别人鱿鱼，也曾经为了完成生产计划而用次品来交货。就像工厂的其他部门正在做的那样。”他多此一举地补充道。不过我认为他有这个资格。

“我灰心丧气，别人也一样。然后我学到了共好。它很重要，但还有更重要的东西。”

安迪吸引了部门经理们的注意力，而他的最后一句话吸引了我的注意力。更重要的东西？

“我断定我之所以如此灰心丧气，是因为我们的产品质量很差，并且工人们很难应对。”安迪稍作停顿，安静地依次看向每位部门经理。

“我领悟到他们之所以灰心丧气，是因为他们不想为我这个讨厌鬼工作，也不想为这家糟糕的工厂工作。除非我自己做出改变，否则一切都不会改变。”

然后安迪补充道：“一切都不会改变，除非你们、你们的车间主任和你们的领班做出改变。”

安迪的发言一针见血。我自己也要改变。我必须停止对经理们的挑剔。如果我一直用以前的方式对待他们，我还能指望他们做什么？我不敢说我能一下子就改变，但我会开始尝试。当我的思绪回到众人身上时，安迪还在继续。

“改变的意思并不只是摆脱旧习惯，而是培养新的习惯以代替旧的习惯。”

“你能给我举个例子吗，安迪？”我问，同时思考着我可以培养什么新的习惯来取代对待经理们时我经常采取的方式。很快，“尊重”这个词进入了我的脑海。

“当然可以，”安迪回答，“就拿短会和早晨的欢呼来说吧。我们的旧习惯是糊里糊涂地来上班，只知道一件事：生存就意味着低下头保持安静。现在我们的习惯是团结和欢呼。旧习惯只有在新习惯取代它之后才会改变。”

“你们真的有短会和欢呼？”一位部门经理说道。

“有。我想要一个团队。好的团队一般都有战术策略和某种形式的短会，以确保成员们知道下一步或者下几步该怎么走。所以，每天早上我们都要开个短会，把当天的工作梳理一遍。在短会结束时，我们所有人把手叠在一起，发出胜利的呼喊。”

在车间里四处走动的过程中，我们经常在工作台前停下来和团队成员交谈，每个工作台都有自己的表格和图表。其中有几个人夸耀最近的成绩。一个人把一个工作流程缩减了七分钟，另一个人则完成了一项关于电镀槽所能接受电流电压范围的数据分析。第三个人为一台设备完成了两天的预防性维护工作，现在那台设备已经随时可以重新投入生产。

“谁决定把它拆掉的？”有人问他。

“我决定的，”他答道，“当然，我在短会的时候告诉其他人我的决定。”

当然！

很明显，所有人都在享受他们工作的日子。每当安迪和一个团队成员说话时，都会不可避免地提到当天和本周的总体生产目标。一位部门经理十分惊愕地注意到，似乎所有的工人都知道即时更新的“保密”信息。

“没错，”安迪同意道，“信息是权力的守门员。我想要让团队成员自己做主，拥有决策和实施的权力。在这个车间，没有保密信息这一说。每个人都有权获取任何信息。”

当我们即将离开时，我让其中一位部门经理随机挑选一名团队成员。“我有几个问题想问，希望大家都注意听他的回答。”

安迪看起来很吃惊。他刚才的开场白并不在我们的计划中，给了我一个措手不及，而我给他准备了这个剧本之外的结束语，让他也吃惊去吧。

那位团队成员很乐意配合。“很高兴在这儿见到你们。”他边说边挥手致意。

“车间里的每一个人都在很努力地工作。这是为什么？”我开口问道。

“如果你享受你的工作，就不会觉得工作辛苦了。”这位中年男子回答道，“我的前一份工作很繁重。但我在这里待了五年，一点都不觉得工作繁重。”

“这里和你原来的那家工厂有什么不同？”

“共好，”男子大笑道，“安迪说，我们必须都成为共好。这是个很棒的主意。在我工作过的工厂中，只有在这里，我才能了解到生产的状况和我加工过的产品的去向。”

“听起来不错，还有别的吗？”

那位中年男子想了一会儿，然后答道：“有几件事。第一，我没有被当作一台机器。去年我们更换生产线的时候，我和工程师一起设计了自己的工作区。

“我们之中有20个人有自己的工作区，我们就像管理自己的公司一样管理它。我们负责保证及时交货和满足客户的需求。至于怎么做，大部分是我们自己说了算。在我工作过的上一家工厂，我有一次提出了一个建议，领班说，‘我叫你做什么你就做什么，我叫你怎么做你就怎么做’。这是他的原话。”

就在此时，响起了喇叭声，扬声器里宣布道：“M317交货，100%，按时完成，得12 750美元。”

车间里响起了喝彩声。居然有人在摇铃铛！这一过程持续了五六秒。部门经理们震惊了。

“那是什么？”我代表所有人问。

“那个啊，”男子说，“我正要告诉你们呢。我们车间和其他地方最大的不同在于，我们车间不断有正面的、高兴的事发生。喝彩是因为M317号工作按时交货。这份工作完成得100%完美，而且工厂从中获得了12 750美元的收益。

“为销售成绩喝彩只是一部分，最重要的部分是为人喝彩。我们一直在搞各种各样的比赛。我们有几个月度奖，安迪几乎每天都要过来给我加油打气。有时候只是很简单地表扬某项工作做得好。然后，每个星期都有几天是某些人的生日，所以我们会准备一个蛋糕，在休息时间唱歌祝贺。我知道这很土，但我很喜欢我过生日的这种感觉。”

他停了下来，但我们都可以看出他还有话要说。他的话简明扼要。

“在前一家工厂，我不得不工作，在这里，我忍不住要工作。”

我和17位部门经理一起走出了精加工车间，同时思考着刚刚听到的事，以及如果工厂所有人都这么想的话，工厂会变成什么样。

对于传播松鼠的精神和海狸的方法来说，那是最有成效的一周。但它不会在短短的一周内、一个月内，甚至是年底前实现。我们面前是一座由懒惰和不信任堆成的大山，很难一下子就踏出一条路来。如果是到明年夏天之前，也许我们还有机会。如果是到年底，我们就死定了。

有三件事驱使我们不停地前进。第一件是想要证明总部错误的冲动。这是我们最基本的动机。第二件是想要“昂首阔步离开”的想法，我向部门经理们也提出了这一想法。第三件是奇迹。我们没有遇到过奇迹，但我们祈祷奇迹的发生。

接下来的一周没有像上周那么顺利。我努力保持乐观的情绪，却感到力不从心。每个人都知道我们的船即将沉没，但他们还在争夺本就属于他们的座位，只为坐着等它沉到海底！部门之间甚至在车间之间爆发了地盘争夺战。

“这是意料之中的事。”安迪安慰我说。我们现在在他的木屋里。夏天的衬衫已经换成了秋天的夹克。“根据工厂的传统，每个人都有泾渭分明的权力和领地。不过要提醒你，和责任没有太多关系，我们只讲究权力和领地。你启发他们用截然不同的方式来看待事物，而他们的本能就是尽可能把好处往自己的领地上放。

“把一条老狗放在一个新的院子里，它干的第一件事就是在栅栏上撒尿，标出自己的领地。我们现在看到的就是这么回事儿。这是注定要发生的。”

然后他补充道：“在这一点上人和狗没什么区别。爷爷说，要让‘小派家庭’和‘大派家庭’同桌吃饭是很难的。”

“意思是？”

“意思就是有些人是‘小派人’，他们一辈子都坚信能分的派只有那多么。他们一在餐桌边坐下来，就开始为谁应该得到什么而争吵，担心别人拿得比自己多。他们酷爱用界线和栅栏来保护自己的领地。

“‘大派人’假定有充足的派可以给每个人分。他们有一个会不断变大的派。他们信任家里的每一个人，允许他们去分这个派。当场地比每个人需要的面积都大的时候，就不需要栅栏。”

“你的意思是沃尔顿 2 号工厂充斥着‘小派人’？”

“没错。共好的人都是‘大派人’。当你开始共好的时候，‘小派人’就认为会有多余的派，不爆发地盘争夺战才怪。”

“那么我们必须做出改进，而且是很大的改进。我们已经搞出一大堆纠纷了。”我说。

“在所难免，”安迪安慰我，“而且这种状况还会持续，除非他们意识到，有领地必有责任，现在两者都已经超过所有人需要的量了。”

鹅的礼物

和往常的周六一样，安迪和我为下一周制订计划，到周一时，我又一头栽进工作。现在，沃尔顿 2 号工厂的每个人都或多或少参与到这个过程中来了。松鼠的精神正在起效，自尊心正在建立。

将工作与能力匹配，但又向团队成员提出一定的挑战，这一策略正在慢慢地发挥作用。每个人都同意这是个很棒的主意。只是要花一点时间去摆弄那些人名和工作量才能完成合理分配。

当我们来到木屋，安迪教给了我更多他爷爷的智慧。这次是关于向团队成员提出挑战的。

“爷爷说，‘用帆布和木头可以造出一艘船，但只有激流才能造就独木舟。’”

我困惑地看着安迪。从小在城市长大的我有时无法理解爷爷的教诲，只好求助安迪。

“独木舟在急流中接受测试之前，不能算是独木舟。你不知道它有多坚固，或者能装多少货，但是，一旦测试成功，它的价值会直线上升。高效而有价值的人是那些被成功测试的人。你清楚这一点，他们也清楚。”

我们聘请了外援来帮助我们设计培训课程，提高缺失的技能水平，为团队成员迈入下一个职业阶梯做好铺垫，并且提供不间断的公共教育。我报名参加了一个周二晚上的蓝图规划班。这是一项我需要傍身的有价值技能。我也对我的同学们有了更全面的认识。这些团队成员都是聪明人。

与此同时，我开始发自内心地尊重我的部门经理。只要给予适当的机会，他们也是聪明人、能人。而且惊喜之中的惊喜是：随着我对他们的态度变好了，他们也给了我回报！我们真的在齐心协力工作了。

我还发现，个人成为共好的秘诀和组织成为共好的秘诀是一样的。毕竟，团队成员有多共好，组织就有多共好。安迪和我虽然嘴上说的是共好这家工厂，但我们真正做的是让个人以共好的态度去对待工作。我在部门经理他们身上取得了进展。

更确切地说，是他们自己在实现共好的路上取得了进展，我开始欣赏他们所展露出的真正才华。

建立为人所理解和共享的目标这一过程也在取得进展，但同样也需要时日。安迪的评估很简单：“我们只有鸡的参与，而我们需要的是猪的献身。”

“什么？”

“这是一个关于农场早餐的老故事。”安迪答道，“鸡和猪约定一起做早餐请别人吃，鸡建议做熏肉和鸡蛋。猪回答说，‘对你这只是参与，但对我来说这就是彻底的献身。’我们需要猪的献身。”

不幸的是，这种等级的献身不会在一夜之间就发生。但是，正如安迪所说的，员工们已经开始参与进来，我们开了一个好头。

遵守原则简单，但要让它成为工厂生活的一部分就很难了。尽管所有人都表现出了兴趣，但仍有两大难题摆在眼前。

第一，团队成员必须自愿甚至是渴望担负起附加的责任。人们不会不假思索地做这种事；相反，他们会想很久。安迪告诉我，猪的献身从来都不是一蹴而就的。

第二，经理们必须放弃他们奋斗了一辈子才抓住的权力。他们忍气吞声 15 年甚至更长的时间，就是为了得到一根控制杆让他们拉，现在我们却告诉他们有一个更好的办法：别去拉那根控制杆！

此外，如果他们不去操作那根控制团队成员们的控制杆，他们还能做什么？要让人相信除了拉控制杆之外，还有其他更有意义的管理方式，需要付出巨大的努力。还是那句话，猪的献身不会一下子就实现。

我对设定价值的进程很满意，但安迪很快就纠正了我。“得到赞同的价值在经过时间和困难的考验之前都是不值一提的。如果你能为了支持一个价值而放弃连续三四年收益翻番的机会，那才称得上是价值。在那之前，它只不过是一个不错的点子而已。”

但是我们正在取得进步。周五我坐在办公室，心想，这一周的工作总体上很不错。我猜老头子莫里斯现在就坐在办公室里担心我会这么想。

他一定在想：“该让佩吉知道谁是老大了”。否则干吗告诉我？

“我们已经把年终的执行委员会议提到 12 月 15 日了，只是顺便告诉你一下。”这是我接到电话时听到的原话。莫里斯有一个本事，就是他非常擅长玩弄权术。

“好极了，”我说，“到时候我们的账目应该会开始好转。到12月底应该会很好。”

“我很怀疑。”他慢吞吞地说。

莫里斯的另一个本事就是，他总是“雪中送炭”！

“我们会尽力的，先生。”我轻快地说。同时我不停地想着：“‘小派’的白痴！”

我不喜欢这个消息，但我并不觉得他是在针对我。老头子莫里斯在公司里有一两个好哥们儿，但他对所有的经理都一视同仁。他喜欢用一根随时会断的破绳子把经理们吊在悬崖下。虽然我可能会失去我的工厂，但其他业绩好的经理也会为他们的饭碗担心得睡不着觉，如果到年底前“好”不能变成“极好”的话。

安迪过来时，我正坐在那儿盯着电话，思考着这些深刻的哲学问题。

“啊，这不是我的夏尔巴族向导吗，请进。”

“什么？”

“抱歉，我刚好在想爬山的事。有什么事吗？”

“我刚刚在查看周末运行的电脑，然后想到应该告诉你鹅的礼物已经准备就绪了。北方的天气已经转凉，我估计明天就可以。我们会拥有鹅的礼物，和预定时间分毫不差。”

“嘿！太好了，安迪。我现在就需要一剂补药。”我告诉了他莫里斯打来电话的事。

“幸好你没告诉他，至少到明年夏天之前，我们还有时间来证明我们能做到，”安迪说，“这会坏了他的周末。”

“如果我们做不到的话，就是‘昂首阔步’了，对吧，安迪？”

“这还用说嘛。但是别忘了我有一个计划。同时，我还有个好消息，我把摩托车收起来了，我那卡车要重新上路了。明天上午七点来接你怎么样？”

“这还用说嘛。”我说着，为新的旅程集合起所有的热情。至少封闭的交通工具更适合秋天和冬天。尽管我会怀念那辆摩托车。

当我们在第二天早上七点坐着卡车离开沃尔顿时，安迪告诉我，我们的目的地是五十三英里外的哈奇森沼泽。卡车后的车厢里挂着一只独木舟。有一块红色的印花大手帕在车尾迎风飘扬。天很黑，也很冷。一夜之间温度就降到了零度以下。安迪在驾驶室里放了一只装满咖啡的热水瓶和一些甜甜圈。于是我就不那么想念摩托车了。

“我听说在过去十天里有将近十万只鹅来到了这里。绝对不愁找不到鹅的礼物，这一点是肯定的。”

“我准备好了，安迪。”

我也许是准备好了，但我知道，在安迪认为时机成熟以前，问他是没有意义的。我从安迪身上学到了很多，包括耐心。

我们的对话无疾而终。安迪一定在聆听这份沉默，等待它的结束。随着我们向正西方前进，太阳在地平线上探出头来，把我们身后的风景染成粉色和紫色，留下长长的影子。在一片草地上，牲畜们离开棚子翻越小山，以天空为背景呈现出一个个黑色的轮廓。我虽然生在长在城市，但我感到来对了地方。我缩进自己的夹克衫，手里拿着温暖的咖啡杯，默默地希望能永远和安迪在一起兜风。

一小时后我们经过了一个路标：哈奇森沼泽保护区。不得狩猎。

“不得狩猎。我们马上就要看见很多很多的鹅了。”安迪说，“一到打猎的季节，那些鹅就待在禁猎区里不走。”

“它们怎么知道要待在禁猎区？”我问。

“问得好。有些猎人发誓说它们读得懂‘不得狩猎’的标志！我只知道它们是非常聪明的鸟。”

当然，沿路看了一英里后，安迪用手指着一个由鹅组成的大“V”。当我们到达沼泽的边缘时，我们看见了成百上千只鹅。几分钟前我还以为自己会安于兜一辈子风，但现在我打起精神，迫切想要知道安迪爷爷的最后一个秘诀：鹅的礼物。

安迪把独木舟扛到水里，为我穿上了救生衣，然后给我示范如何爬进独木舟，如何把桨放在船舷上缘保持平衡。他从卡车后面拿来了一个灰色的帆布袋，在确认自己穿好救生衣之后，就把船推下了水。现在太阳已经在这个无云早晨的天空中升得很高。

我很庆幸地看到周围没有太多的激流在测试我们坐的是木头还是独木舟。独木舟浮起来了，这对我来说已经是足够的考验了。

安迪在船尾快速地挥舞着船桨，把独木舟划入沼泽中。我们在芦苇丛中开出一条道，任芦苇从船边擦过。秋日熟透的种子在我们的触碰之下从灯芯草迸出，四处飘散，只留下布满白色“伤痕”的棕色花冠。受惊的黑鸟在芦苇之间飞蹿，翅膀闪现红色。随着我们越来越深入沼泽，寒冷的空气中有一股雾气飘荡在相对温暖的水面之上。

水草在前方不见了，我们来到了一片开阔的水域，一个池塘中的池塘。它的形状很不规则，边缘长满了时而稀疏时而浓密的水生植物，所以很难确定边界在哪里。安迪把独木舟划到开阔水域，开始给鹅设置假鹅作诱饵。这些假鹅是安迪的爷爷刻的，但没有太多细节处理。

设置好诱饵后，安迪把独木舟挪回到芦苇丛里。透过高高的水草和灯芯草，我们可以看见那些假鹅，每一只都被绳子和小型重物拉着。

“二十年前这片沼泽消失了。干涸了。然后野鸭基金会花了将近一百万美元修复了这片湿地。”安迪说着说着，身体就滑到了独木舟的底部，把脑袋枕在塞入座位下的救生圈上。

“让我猜猜，安迪，你要休息一会儿，我就在这儿看鹅。对不对？”

“没错，”安迪大笑，“但这次你的工作很简单。这里的鹅比松鼠和海狸多很多，到处都是鹅的礼物。我估计我们很快就要有自己的鹅了。但是没必要等待。就像我说的，这里到处都是鹅的礼物。”

“它就在这儿？”我问。一群鸣叫的鹅高高地从我的头顶飞过。

“绝对在，”安迪大笑，“鹅的礼物为松鼠的精神和海狸的方法注入激情。”

激情？光是想着这能为共好带来激情，就能让我热切地看着这些鹅。一个大“V”再次从我们头上飞过，但是比之前低了许多。它们一定已经看见我们的诱饵了，因为它们掉头再次从我们头上飞过之后才继续前行。

“它们为什么不着陆？它们不喜欢你爷爷雕刻的假鹅吗？”我挑衅安迪。

“谁知道呢？也许它们喜欢塑料的。”

那些鹅想要抗议似地再次转身飞向我们。这次它们直截了当。它们把翅膀向前挥动当作刹车，同时伸出带蹼的平脚碰触水面。在碰到水前的一刹那，它们收起翅膀落入水中，激起一片水花，然后骤然停住。

“你看它们多棒啊，它们真大。”我对安迪说，然后担心说话会把它们吓走。鹅群看起来不是很在意，但当我调整坐姿时，我吓到了它们。它们一瞬间就飞走了，然后升到高空开始齐声鸣叫。就算是摇滚乐演唱会都没它们那么吵闹。

“真吵。”我说。

“那些鹅吵归吵，但是它们有重要的信息要告诉你，松鼠和海狸没法跟它们比。”

“上下班高峰期高速公路的喇叭声都没它们那么吵。”我惊叹道。

“鹅的礼物。”安迪说。我应该猜到的，但我没有。

安迪给了我第二次机会。“那么，它们鸣叫是为了什么？它们在向谁鸣叫？”

突然之间，我意识到我们并不仅仅是在愉快地聊天，而是正在向鹅的礼物逼近。那些鹅在向谁鸣叫？

“互相鸣叫？”我试探着说。

“正确。那么它们为什么鸣叫？”

我想了想。我猜它们一定是在发送信息，但以我现在对安迪的了解，我知道他一定会回答，“什么信息？”

松鼠一个劲儿地吱吱叫，是在抱怨世界。海狸甩尾巴，是在发出警告。在之后的十分钟里，又有好几群鸣叫的鹅飞过。我得出的结论是，与那些对万事万物都吱吱叫的松鼠不同，这些鹅绝对是在互相说话。另外，它们的鸣叫如此频繁，不像海狸一样发出警告。如果这是警告的话，一定会产生一些变化，但是它们的鸣叫对飞行队形没有产生任何影响。当它们飞离我们的诱饵时，它们明显是在竭尽全力地鸣叫，但它们着陆时也会鸣叫。

我还注意到，有时领头的鹅会退到后面去，然后会在新的领头鹅后面组成队形。但是，这似乎仍旧和鸣叫没什么关系。

“它们一定是在发出某种信息，安迪。但它不是警告，和换领队也没关系。”

“如果那不是警告，它的反面是什么？”

我想了一分钟。“万事顺利？”

“比这更好。什么东西比这更好？”

“比万事顺利更好，棒极了？酷毙了？”

“当然，”安迪说，“它们在互相鼓励。你仔细听听。”

我听了听，发现安迪说得没错。它们在发出鼓励的声音，互相给对方喝彩。我在高中时是拉拉队队长，所以我听得出那是喝彩。那些鸣叫都是激情洋溢的喝彩。

“看这个。”安迪说着，把手伸进帆布袋。这次他拿出了一个精雕细琢的加拿大鹅木雕。我立刻把它翻过来。然后就看到了拯救沃尔顿2号工厂的第三个秘诀，也有可能是最有价值的一个：

鹅的礼物：
为彼此喝彩

我站在那儿，被鹅的礼物震撼了。它如此简单，如此明显，如此有力。它如此华丽。

“安迪，如果我们开始为员工们喝彩的话……如果我们开始鼓励的话……如果我们真的走进车间做这件事——让他们知道自己有多伟大……”我留着结论不说。我实在找不到足够宏伟的词来描述我想表达的东西。

安迪完全明白我的意思。“你说得对。松鼠的精神和海狸的方法是星星之火，而鹅的礼物就像是往星星之火上浇汽油。”

然后我茅塞顿开。

“是我太笨了，还是太粗心了？那天部门经理们巡视精加工车间的时候，你的团队成员不停地说那些好消息。那么多的喝彩。从销售业绩到生日，应有尽有。你走到他们旁边，为他们正在做的事祝贺他们。而我却忽略了。它就在那儿，而我却忽略了。”

“我本来也不确定你注意到了没有，”安迪大笑着把独木舟重新划出来，驶向我们的诱饵，“幸好你没有。那时你刚学到海狸的方法，时机还不成熟。一旦人们发现了鹅的礼物的力量，没有人能够阻止他们。爷爷的教诲虽然简单，但吸收它们需要时间。你必须先激起一些火花，然后才能用鹅的礼物煽风点火。除此之外，在这里你可以直接向鹅学习，这是你永远忘不掉的一课。”

“那些鹅每年都要飞几千英里，它们一天可以飞几百英里。它们实在是我们这个世界的奇观之一。而它们在中途每走一步都要互相喝彩。”

当安迪把假鹅装进袋子里时，我看着另一群呈“V”字形的鹅，有了新的发现。

“安迪，所有的鹅都在鸣叫。不只是领头的鹅在叫，它们全部都在叫。不一定是经理们为团队成员们喝彩，是吧？我们可以让所有人互相喝彩。”

“当然，”安迪说，“鹅的礼物适用于任何人。”爷爷曾说：

鹅的礼物

是神的礼物

但我们将它赠与彼此

我们穿过芦苇丛回到沼泽的边缘。当我们把独木舟拉到岸上时，我可以看到铺天盖地的“V”字形鹅群从各个方向横跨蓝天。鸣叫声让空气中洋溢着欢乐。这是它们送给彼此的礼物。这一定是神的礼物，我如此认定。因为它实在太棒了。

“我现在明白你为什么说鹅的礼物给松鼠的精神和海狸的方法带来激情了。”

“这就是如何让一项使命具有生命力的方法。”安迪边说边把独木舟举过卡车的后挡板。“人们只有相信一件事是重要的、有意义的——也就是正确的工作——他们才会打定主意要去实现它，他们也必须对如何实现它献策献计——也就是正确的方法。把两者放在一起，你就得到了一项使命。但是，人们在追求一项真正的使命时在背后推动他们的力量，是他们做这件事的理由。一个必须被满足的需求。你通过满足这些需求给予他们回报。共好的人用正确的方法做正确的工作，获得正确的回报。爷爷曾经说：‘没有比分就不成比赛。’”

安迪从车后拉出一对折叠椅，于是我们在卡车边坐下。“独木舟好归好，但以我的年纪来说，还是在太阳底下坐着更舒服。”

“没有比分就不成比赛？”我坐下来时提醒安迪。

“体育场上的队伍肯定是你能想到的最共好的组织，但是你想象一下，如果一场篮球赛不计比分，也没有观众喝彩，它会是什么样的？”

“肯定是非常冷清的。”

“绝对冷清。专业运动员会为了钱而上场，但表现会完全不同，理解这一点很重要。人们得到报酬的方式有两种，而且两种都很重要。爷爷称它们为两个C：现金（cash）和祝贺(congratulation)。”

安迪接下来告诉我的东西，后来被我单独做成了一张海报贴在我办公室的墙上。

“爱因斯坦总结得最好：

$$E=mc^2$$

“当然，爱因斯坦稍稍把c^2的意义搞混了。很明显它是两个c的意思。热情（enthusiasm）等于使命（mission）乘以现金（cash）和祝贺（congratulations)。”

“我喜欢这个。”我复述一遍公式后说道。

“我也喜欢，而且最重要的是，它管用。”安迪答道，“它时刻提醒我，现金与祝贺，两者都重要。但是现金排在前头。你必须先满足一个人的物质需求，食物和衣服，等等，然后你才用祝贺来喂饱它们的灵魂。”

“我喜欢这个‘喂饱灵魂’的想法。任何祝贺都管用吗？”

“问得好。你必须确保你是在真心实意地祝贺。祝贺就是对他们和他们所做的重要事件表示肯定，是对他们为达成共享的使命所做的有价值贡献的肯定。松鼠的精神。海狸的方法。”

“如果实在没有什么东西可祝贺的，我该怎么办？”

“又是个好问题。首先，可祝贺的东西总是有的。但你必须去学习寻找正面的事物，但这绝非易事，因为你的整个管理生涯都是在给别人挑错。”

“我有这么糟糕吗？”我问，但安迪没有立刻回答我的问题。

“其次，当你无法直接祝贺某人时，你总是可以鼓励他们的。鼓励他们，表示你对他们的能力有信心，而通过认可他们的能力，你同样给予了他们称赞。也就是祝贺了他们。”

然后，我问题的答案来了。我爱死这个了！

“不，你没有那么糟糕。事实上你挺好的。瞧瞧你在松鼠的精神和海狸的方法上做出的成绩。你的进步绝对是惊人的！”

安迪是对的。祝贺的确能喂饱灵魂，并且激发热情。尽管如此，我还有一个问题。

“为什么人们对现金的报酬如此关注？他们整天把这个挂在嘴边。我还从来没见过有人罢工要求祝贺的。”

“这是肯定的，”安迪说，“他们轻易不会承认。许多劳工问题的核心都是精神层面的问题。缺乏尊重也许是最大的一个问题。但如果你举着一块牌子走来走去，要求别人肯定你的工作，肯定你做出的贡献是有价值的，只会让你看起来像个傻瓜。于是现金就成了衡量的标准。易于统计，也易于比较。”

安迪停顿了一会儿，其间我们都看着一群鹅从头顶飞过，向彼此发出鼓励之声。

“还有一件事，”安迪继续说，“物质需求是一个基本问题。我们需要食物、衣服和住所才能生存。金钱自然成为第一要务，所以我们是从关注金钱开始的，但随后我们过分关注金钱，以至于难以迈出下一步。

“管理层和团队成员负有同样的责任。任何经理都只有那么一点现金来支付工资，一旦用完也就结束了。没有哪个人负有责任。但是，每个经理都有着无穷无尽的祝贺可以用来分发。如果他们分发得不够，那就是他们自己的错，朗克罗的管理法则里有云：经理们厌恶责任，就像大自然厌恶真空。”

“关注金钱适合团队成员，也适合管理层。”我说，“团队成员也可以用金钱衡量他们自己，并且互相比较，而经理们在无法满足团队成员的需求时也不用再背负着责任感。”

“我们正在掉入相同的陷阱。”安迪说，“我们在这儿讨论的是现金，简单的C，但我们真正应该关注的是另一个C，祝贺。还记得我说祝贺是肯定吗？肯定，有积极的，也有被动的，沃尔顿 2 号工厂必须兼备两者才能成为共好。积极的肯定是通常你想到的那种。告诉别人他们干得有多棒，或者给他们奖励。而被动肯定甚至更强大。

“一个经典的例子是，当你的团队成员在执行一个复杂棘手而又重要的项目时，你把手放在屁股下，咬着嘴唇，装出泰然自若、充满信心的样子。那个项目还正好是你最擅长的那类，你身体里的每一根纤维都在叫喊着要你亲自来干——或者至少发出几声警告，提醒他们哪些地方容易犯错。但是你没有这么做。你的沉默向工人们发出了明确的讯号，‘你很棒，你可以应付，我相信你。’

“也许对那些天上的鹅来说，发出鼓励和赞许已经是它们的极限了，但对于人来说，最重要的往往是被肯定。为自己人大声叫好有可能是虚的。但是，将工作的工具给别人，然后（假设他们是有能力的）不再打扰他们工作，这总是实实在在的。”

这大概是我听到过的安迪最长的演讲。我知道他说的东西很重要，所以我在谈话继续之前停顿了一下。

最后，经过一段时间的沉默后，我说：“你说有时为自己叫好不一定是真实的。这不是个问题吗？我的意思是，如果你不停地祝贺别人，它不会变得越来越虚假吗？”

“只要是真诚的祝贺，它就不是虚假的，”安迪说，“我从爷爷身上还学到其他东西：首先，‘真’（TRUE）显然是真诚的意思。那么‘真’（TRUE）代表：

T imely 及时的

R esponsive 有响应的

U nconditional 无条件的

E nthusiastic 有热情的

“只要是真诚的祝贺，你做再多也不为过。祝贺，不管积极的还是被动的，都是强大的东西。它是如此强大，有些经理甚至认为能用祝贺来代替现金。在一定程度上确实可以代替。军队是这方面的大师。帽子上的一条金色带子，满胸的徽章，就能让年轻人领着微薄的军饷去战场上送死！”安迪不可思议地摇头。

“不幸的是，或者说，幸运的是，这在大部分的组织里没这么容易。”他继续说，“首要的是，你必须公平地给予他们报酬。你一旦这样做了，你就不再是单纯地堆砌金钱，而是在用祝贺激励灵魂。”

“我肯定能做到，”我答道，“我敢打赌，鹅的礼物将会比松鼠的精神和海狸的方法发挥更大的作用。”

"这仅仅是因为它们已经起效了。鹅的礼物只有在松鼠的精神和海狸的方法存在的情况下才会有效果。否则，就好像是往石头上撒肥料一样。一些缝隙可能正好有种子和泥土，会长出一些小芽，但全都是没有价值、昙花一现的东西。"

我们坐了好一会儿，享受着阳光，听着鹅叫。然后，不知是沉默结束了，还是安迪的午餐闹钟响了。"是时候去满足物质需要了。我们去刚刚在沼泽区外面路过的那家咖啡馆吃一顿便餐怎么样？"

在吃饭时，安迪给了我两条指导方针。他让我把第一条写在他从储物箱里拿出来的便笺本上。

预设的 → 自发的

全体的 → 个人的

笼统的 → 详细的

传统的 → 独特的

安迪说，可以把祝贺放在一个从左到右的坐标上。越靠右的祝贺越有效。自发的、个人、详细的、独特的祝贺，总比预设的、全体的、笼统的、传统的祝贺要好。

“在公告栏上贴一张纸条祝贺全车间今年取得好成绩，其冲击力不如用广播大声宣布装运部的莱斯利·安德森创造了连续三个月装箱无破损的纪录。”

第二条指导方针是为过程喝彩，而不只是结果。“在橄榄球比赛中，观众不会看着主队完成首次进攻、准备进球却闷不吭声，等到触底得分时才欢呼喝彩。但事实是，大部分的组织都是这么做的。更糟糕的是，他们在 11 月得分，却要等到 2 月的年度庆功宴，过了一百多场比赛之后，才开始喝彩。”

我越听越确信，如果我们有足够的时间，鹅的礼物就是“干掉”老头子莫里斯的最好方法。

我们一回到沃尔顿，我就径直前往工厂。一旦我们的炉子烧热了，我们就要趁热打铁。我知道到周末时我们会把全体职工都拉入伙。他们全都是伟大的人，正在做着伟大的事情，而我必须下到工厂里去告诉他们这一点。

我喜出望外！当我巡视生产线，给他们鹅的礼物，让他们去赠与彼此时，惊奇的事情发生了。当我发出真诚的祝贺时，团队成员们开始用祝贺回报我。

“很高兴看到你在这儿。”

“谢谢你这么说。”

“辛克莱小姐，你干得很棒。我们全都支持你。而且我可以负责任地告诉你，这是第一次有人对总经理说这种话。”

我本来是去给他们加油鼓劲儿的，现在他们却在给我加油鼓劲儿。

但我却感觉自己像个大伙的叛徒。这些人在渐渐地实现共好，但我们却没时间去完成它。他们响应了松鼠的精神、海狸的方法，还有现在的鹅的礼物，但我知道老头子莫里斯对此的反应一定是把他们全都解雇。

周六晚上，我给在家的安迪打电话：“我在工厂里努力推行鹅的礼物，我觉得我们能成功，安迪。整个工厂都会变成共好。这种感觉很强烈。但是我们在耍大家，安迪。你和我也许会愿意昂首阔步地离开，但我觉得他们可能会羞耻得抬不起头。我们只是在拿他们的人生开玩笑。我们没有时间。”

“我有一个计划，”安迪简单地答道，“到下周的这个时候，我希望它会起作用。如果不起作用，那就还是‘昂首阔步’。工厂现在唯一的希望就是共好。”

然后，安迪给我了适当的鼓励。我们没有切实的成果可以喝彩，但他对我迄今为止的表现大加赞赏，而且我知道他是真心的。

周一一大早，士气有所提升的我做了我的海报。它所传达的信息很棒。我画的鹅也很棒。

鹅的礼物：
为彼此喝彩

1 不论积极的还是消极的，祝贺必须是真诚的。
2 没有比分就不成比赛，为过程喝彩。
3 $E=mc^2$—— 热情（enthusiasm）等于使命（mission）乘以现金（cash）和祝贺（congratulations）。

周三安迪投下了他的重磅炸弹。

当天的《沃尔顿周报》在头版报道了一则新闻。“长角”蒂莫西 · 安德森，我们公司的创始人，也是董事会主席的儿子，将会被授予首个沃尔顿荣誉奖章。

报道引述，长角对获奖感到很高兴。事实上，他高兴得自愿掏 25 000 美元来支付颁奖的开销。

颁奖典礼将会在来年的 7 月 4 日举行，从周边的十个城镇邀请来的游行队伍和军乐队，都将参与盛会。工人委员会的安迪 · 朗克罗和沃尔顿市长塞缪尔 · P · 约翰斯顿已经宣布了这一消息！

市长打来电话时，我才得知这个消息。他说他很高兴被邀请参加这个典礼，但是让他困窘的是，他在报纸上读到这个消息之前竟然对此一无所知。他向我安慰道，市政府愿意共同赞助这个奖，但最好还是事先商量一下。我也是这么想的。

我的下一个电话打给了安迪。“我从来都不知道我们有工人委员会。”

“今天早上刚成立的。”

“那市长一无所知又是怎么回事？他刚刚给我打了电话。”

“你觉得他很惊讶吗？你应该听听几分钟前我给长角打电

话的时候他是什么反应，”安迪笑道，“新闻说他‘感到荣幸’的时候他并没有在意，但是当我把 25 000 美元那部分念给听他时，他绝对很惊讶。”

“你打电话给他？你打电话给长角？”

“这还用说。他在这里工作的时候，我就认识他了。整整 15 年，他每年秋天都要来和我一起去打猎。做印第安人总是有一点好处的，你是知道的。任何非印第安人都以为我们知道鹿在什么地方。总之，我总是在一年中的大约这个时候给他电话安排打猎的事，所以，当新闻上报时，我估计我唯一能做的就是打电话恭喜他。”

“他不知道这件事？还有 25 000 美元那件事？”

“嗯，我估摸着我应该把报道搞定，再把消息告诉他。我知道他不差钱。”

“你写了那篇报道？”我哽咽地说，“这全都是你编出来的？”

“不全是。邀请军乐队那件事是真的。我确实给他们打了电话。”安迪辩解道。

我不知如何作答，只好沉默着。

“这是原住民古老的智慧。”安迪让我放心。

“我猜又是你爷爷。”

“其实是我奶奶。她说她可以让爷爷做任何事，只要她当众宣布这件事，并且在众人面前大方地感谢他。爷爷乐意配合，长角和市长也一样。”

“你奶奶告诉你这个，真是女人中的叛徒。这种事情不应该让享有特权的男人知道。”我断言道。

然后我领悟了。我突然明白了这一切的意义。

“安迪，”我大喊道，“这就是你说的一年，对不对？你把时限拉长了8个月。长角明年7月才能拿到大奖。除非我们真的太差，否则老头子莫里斯在明年7月4日不敢动我们。”

“我就是这么推测的。15年的相处让我知道，长角这个人喜欢被人追捧，喜欢射最大的那只鹿，而且我碰巧还知道他喜欢游行。我想，在明年之前，老头子莫里斯要是敢动这家工厂的话，他自己的饭碗恐怕也难保。只有一个问题。”

“什么问题？”

“与荣誉相比，长角更喜欢金钱，如果我们到7月5日的时候还在耗费他的钱，他会立刻把我们的工厂关了，就像关一扇门一样简单。”

“我能问个问题吗，安迪？”

“说。”

“你怎么把这弄上报纸的？”

“很简单。这家报社的老板兼主编不太喜欢写东西。他本来和我一起在工厂工作，直到他父亲去世，他接手了这家报社。我已经帮他写了好几年社论了。那很好玩儿。他总是愿意登我写的报道。到目前为止，我写的大部分是庆生会之类的消息。不过，这次我弄来了长角得奖的独家新闻，他当然很高兴。”

安迪做到了！我们有了一年的时间。当然，前提是我们这段时间干得不能太差。把从九月到来年七月之间的十个月称作一年，然后感觉自己真的有一年的时间，这和我们目前的困境和近在眼前的陷阱相比，似乎也没什么大不了的。

长角对获奖很兴奋。一直以来都是他的父亲赢得所有的奖项和关注。这次是长角首次单独在聚光灯下出镜，不代表公司，也不代表他父亲，而是代表他自己。显然这是长角无法抗拒的诱惑。

当时我兴奋地想，终于可以挽救工厂了，但是事后我开始疑惑，这样欺骗长角是不是不厚道。安迪的回答是明确的。

“我并不以利用了长角的性格缺陷为荣。”他说，“但我绝对为保住了 1 500 只饭碗而自豪。我想出一个计划来分散长角的注意力以便让我们有机会生存，对此我没有顾虑。我真正的顾虑是，如果我不这么做，我就会没脸去见工人们和他们的孩子！”安迪像往常一样全面地看待问题，因此我完全同意他。

幸好老头子莫里斯没有嗅出这个妙计。我想他一定认为我很笨，不可能想出这种计划。我猜他是对的。只是他不知道还有安迪！

此外，除了打猎之外，长角和工厂是有一些关联的。这个奖对总部来说，并没有看上去那么出人意料。

有一年夏天，长角曾经在我们的工厂里工作过，当时他正在上大学，并且在沃尔顿做了一年的工厂经理助理，这就是最初他为何会和安迪扯上关系的原因。

甚至连他的绰号“长角”，都要追溯到他在沃尔顿的时光。有一天晚上，他在总经理的办公室里放了一只长角公牛。总经理有一个习惯，喜欢将安德森的所有想法都说成是牛粪。到早上时，公牛真的在办公室里留下了一两坨牛粪。正当总经理盯着它们看时，年轻的安德森适时地出现了，向总经理指出这些上等货和他的想法之间的区别。从那天起，别人都叫他长角。他显然很珍视这个名字。如果你的家人是公司的老板，你就比别人有优势，但是商学院的老师永远不会告诉你这个。

“长角还是像以前一样自大，只是更圆滑了一些。”安迪评价道，“有些人就是含着金钥匙出生，然后一辈子舔着那把钥匙。有些人会把它吐出来。而长角把它整个都吞了下去。”

谢天谢地他这么做了。老头子莫里斯暴跳如雷。但是长角去打了一次猎，接着又去拜访了市长，和匆忙组成的工人委员会吃了一顿晚餐，席间干杯、喝彩，谁也没提长角的父亲，老头子莫里斯见状就再也跳不起来了。

到二月时，我们的账目已经扭转过来了。在四月的董事会上，我听说老头子莫里斯把任命“辛克莱姑娘”去管理工厂的功劳全都揽在了自己身上。我们的前期成果非常好，已经和集团内公司的平均成绩不相上下了。

我现在意识到，高中物理课本其实是很棒的管理学初级读物。静止的物体有惰性，需要附加的能量才能让它们移动。但是一旦动起来，它们就有了动能。如果安迪的三个秘诀是石头的话，我想象，对每个人、每个组织而言，它们的大小都是不一样的。有些人或组织比另一些要更难移动——但是一旦动起来，你就等着瞧吧！

一旦我们让“有价值的工作”之火烧起来，第一个秘诀就会开始顺势发挥作用。时不时地我们还要推一推，但第一个秘诀会积攒自己的动能。第三个秘诀也是一样：为彼此喝彩。最困难的部分是安迪第二个秘诀：让员工掌控目标的达成。

经理们让自己确信，辅导——按照我们的定义，就是注重行动的教导与实践，在事情顺利时给予祝贺，在事情不顺时给予支持性的纠正，同时在整个过程中为被辅导的人创造兴奋感与挑战——会比严厉、无情又强势的控制带来更好的结果。

虽然组织的最大挑战是第二个秘诀，但我个人的最大挑战是第三个秘诀：为彼此喝彩。我的整个职业生涯都是在总部度过的。我一直在做一个“警察”——抓住破坏规则的人，对他们施予惩罚。对于寻找他人的优点并为他们喝彩，鼓励最差的人，当他们做对某件事时表扬他们，我实在不是天生的能手。

据我判断，成功完全取决于态度、精力、平衡以及与他人的联系。最棒的是，一旦你尝到了它的滋味，你就会将它向四周扩散。就像爱一样，你给予的越多，得到的就越多。今天，我试着在所到之处播撒阳光。这比我以前的世界警察角色更高效、更有趣。

这是怎么发生的？人们是怎么变化的？这就像安迪所说的：信任，说出真相，建立自尊，奖励不以权压人的人，奖励那些分享信息的人，设定有难度的目标，践行我们的价值，培训、培训、培训，然后，更多的培训，而且不仅仅局限于与工厂相关的主题，一个学习的、成长的头脑是一个开放的头脑，而我们需要开放的头脑。

然后是喝彩。大量的喝彩。我们鼓励工厂里的所有人互相监督，发现别人做对了哪件事。当他们发现时，就打电话给共好中心。

我们整个工厂最重要的提高效率的工具被存放在共好中心。那是一部宝丽莱照相机。每当他们收到一份团队成员做对某件事的报告时，共好中心的人就会拿着宝丽莱照相机走过去拍下那个正在做事的人。

彩色照片会迅速贴满整个工厂。警察贴的是通缉海报，我们贴的是“发现”海报。而且看着团队成员的照片，我们可以明确地说出我们发现他或她正在做什么。

大体上我们就是这么做的，现在也在做——而且你也可以。原则都是一样的，不论你的组织是什么样的组织：销售、保险、零售、中介、餐馆、诊所或者政府部门。松鼠、海狸和鹅的秘密不但对你的组织起作用，而且它还会对你个人起作用。不过它会花很多时间。除非你愿意坚持，否则没有必要开始。共好不是权宜之计。它不是一周、一个月甚至一年的心血来潮，它是一个五年战略规划周期。它是一种生活方式。和所有通过艰难奋斗才能获得的事物一样，它值得花时间等待。无论对团队成员还是组织皆是如此。

我说过成功的要素之一是能量。热情是正面的能量。我渐渐开始相信，当人们的精神被连接到一个共同的目标时，它们就像一串相连的电脑。作为整体，他们取得的成果无限大于他们分别行动之和。而说到热情，人的精神还是与电脑相似。我可以把电脑设定成一台文字处理机或工程设计图的分析机。我可以给我的大脑编遇见困难就不高兴的程序，或者满怀热情地迎接眼前每一天的程序。我选择充满热情。我选择变成共好。我选择过共好的生活。

如果你想变成共好，不要只是决定变成共好。要不断地、有意识地、系统地去过共好的生活。如果你想要去共好一个组织，你最好确保改革者过的也是共好的生活。你不会聘请一个酒鬼教你的孩子开车。所以也不要让一个小派的牢骚鬼来负责共好。

知道如何做才能变成共好当然是重要的，但真正决定胜败的是去做它。行动。就现在，就今天。

我们花了整整三年时间才达成安迪所谓的真正的共好，又过了几年，我们吸引了全国的关注，并且不知不觉地走进了白宫玫瑰花园。

我不会假装那都是小菜一碟；或者我们一路高歌猛进，从来没有后退过。但那过程很有趣。

安迪也享受共好工厂的过程。事实上，在安迪第一次心脏病发作之后，我发现他是一名糖尿病患者，并且责怪他不好好照顾自己。“女士，”他微笑着说，“如果我知道你会到来，知道我们会在共好沃尔顿2号工厂的过程中获得这么多的乐趣，我一定会这么做的。”

最美妙的部分是，整个工厂都在享受我们的成功。分红制的奖金满足了对现金的需求，每个人都尽其所能地祝贺彼此，不论是主动的还是被动的。

我喜欢打败老头子莫里斯的感觉。我很兴奋能见到总统。但我最大的乐趣，就是在换班时走到工厂大门口，观看团队成员走出那扇门。很久以前，一切都从那扇门前安迪的摩托车上开始的。今天，所有的团队成员都昂首阔步地回家了。他们正在做着重要的工作，每个人都为如何完成工作贡献了重要的见解，他们知道，公司和同事都欣赏他们自己的努力和成功。

松鼠的精神。

海狸的方法。

鹅的礼物。

共好！

Gung Ho!
后记
佩吉·辛克莱

当我最初同意做肯和谢尔顿的这个企划时，我唯一的要求就是在最后放上我自己的话。我觉得我可能会有一些话必须要说。我对肯和谢尔顿有信心，但我对安迪的忠诚驱使我保留这最后的一点自主权，以确保故事被合理地讲述。这里没有一个字是我想改的。为此，我感谢肯和谢尔顿，感谢他们建议我把这本书献给安迪和他的家人：珍和罗伯特。为此，我将会永远心怀感激。

我也感谢沃尔顿 2 号工厂的团队。你们全都知道自己是谁。共好！

很明显，我们的工厂已经改了名。在获得了白宫的奖项后，我们全都学会了重视隐私。但同等重要的是，这不是我们的故事，它甚至都不是安迪的故事或者他爷爷的故事。它是我们伟大的国家中所有组织的故事，不论是公司、学校、医院或者政府部门，只要它想成为共好，它就能成为这个故事的主角。

如果可以的话，我想以一段我的个人心声作总结。

在安迪第一次心脏病发作后，我把他调离了精加工车间，让他在我隔壁的办公室担任总经理助理。他不愿意离开他的团队，但我告诉他，这是他所能给予的最好的被动式的祝贺。我的这句话再加上医生命令他离开生产线，他才勉强同意了。就在他最后一次发病前，他说起把共好教给全世界。能为传承安迪的遗产尽一份绵薄之力，我感到十分荣幸。

他葬礼那天，我们关了厂子，大概镇子里每一个 16 岁以上的腿脚便利的男人、女人和孩子都参加了。“长角”也来了。老头子莫里斯没在那儿。在我们取得早期的成功之后不久，他因为涉嫌某件事而离开了公司。我们不知道具体为了什么，我们也不关心这些。

葬礼之后不久，我接到了一位律师的来电。安迪还有最后一份惊喜和礼物送给我。为了纪念他的儿子，他的大部分财产捐给了当地的一家儿童基金会，而且多亏了爷爷的木雕和安迪平时节俭的生活，这笔钱的数目相当庞大。他把木屋留给了我。那所木屋和我的回忆使我更坚定地拒绝了更大的工厂的邀请。甚至连总部的高级职位我都拒绝了。

我坐在门廊上写作。臭鼬们早就不见了，但我会在写完后走下去给安迪的松鼠、鸟和兔子喂食。棚子里是那辆摩托车。有时我会走出去，爬上摩托车背，闭上双眼，于是我就飞驰在高速公路上，贴着我最好朋友的后背。

共好，安迪。

共好，朋友。

共好策略

当佩吉和安迪努力共好沃尔顿2号工厂时，他们发明了一张策略图，贴在每个办公室、餐厅甚至整个工厂的每个地方。为了帮助有志于变成共好或者共好一个组织的人，在佩吉的许可下，我们复制了这张图和评估指南。在原始的策略图中，评估指南印在策略的下方，但在本书中，你会在这张策略表之后的内容中找到它们。

共好策略

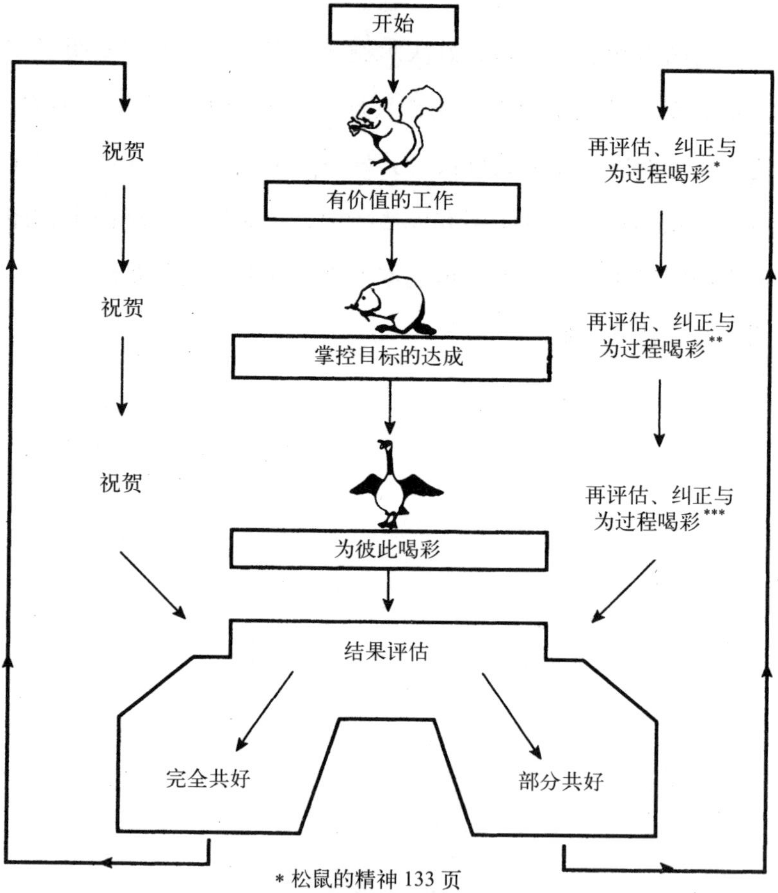

* 松鼠的精神 133 页
** 海狸的方法 135 页
*** 鹅的礼物 137 页

再评估指南 I

松鼠的精神

有价值的工作

1. 理解自己让世界变得更美好。

- 是理解，而不是工作本身。
- 工作是如何帮助他人，而不是个别的步骤。
- 结果：自尊——一种仅次于爱与恨的情感力量。

2. 每个人都为共享的目标工作。

- 共享目标意味着认同，而不是仅仅公布一下就算了。信任并将团队成员置于首位，才能让员工支持共同目标。
- 经理设定关键目标。团队可以设定其余的目标。（人们最支持他们帮助设立的目标。）
- 目标是插在你所在的地点和你想要去的地点之间的路标。他们能有效地集中人们的注意力。

3. 价值指导所有计划、决策和行动。

- 目标属于未来，价值属于当下。目标需设定，价值需实践。目标会变，价值是坚固的磐石。目标催人前进，价值维系成就。
- 唯有当你以自身行动宣示价值并坚持要求他人遵守价值时，价值才是真实的。
- 在一个共好的组织中，价值是真正的老板。

再评估指南Ⅱ

海狸的方法

掌控目标的达成

1. 一个界限明确的场地。

• 价值和目标界定比赛场地与比赛规则。

• 领导者决定哪个团队成员打哪个位置，但在这之后他必须离开赛场，让选手们打比赛。

• 当家做主的自由感来源于明确自己的地盘。

2. 想法、感受、需求和梦想要被尊重、被聆听、被实施。

• 除非组织中的其他人支持你，不会危害你或你的工作，否则无所谓掌控。

• 管理的黄金法则：把个体当成人来尊重。

• 信息是权力的看门人。信息必须对所有人开放。经理们必须自愿放弃他们奋斗了一辈子才得到的权柄。但做老板却没有老板的架子是很艰难的。

3. 有能力做到，但有难度。

- 产量期望应该在能力与技能范围之内，但如果你过低地估计，你就是在侮辱他人。
- 没有什么比得知自己在损害公司而不是为公司做贡献能够更快地消磨一个人的自尊心了。如果你不能让员工通过一天的工作来赚一天的钱，你就是在贬低他们。
- 共好需要有挑战性的工作，即迫使员工竭尽所能并允许他们学习、向未知领域前行。

再评估指南 Ⅲ

鹅的礼物

为彼此喝彩

1. 不论积极还是消极，祝贺必须是真诚的。

- 祝贺就是对他们和他们所做的重要事件表示肯定，对他们为达成共享的使命所做的有价值的贡献表示肯定。
- 夸奖别人做得好或者给别人颁奖是主动祝贺。被动祝贺是放手让团队成员执行一个复杂难解而又重要的项目，不发号施令，甚至连建议都不提。
- “真”的祝贺再多也不为过：它是及时的、有响应的、无条件的、有热情的。

2. 没有比分不成比赛，为过程喝彩。

- 橄榄球观众不会看着球在场上移动却一声不吭，等到触地才开始喝彩。为过程喝彩，不只为结果。与所有人共享比分会使人兴奋。
- 祝贺在下列坐标中越靠右，它们的效果就越好。

预设的 → 自发的

全体的 → 个人的

笼统的 → 详细的

传统的 → 独特的

- 不要再关注谁有问题谁有罪（警察行为），而要开始寻找把事情做对的人（教练行为）。

3. $E=mc^2$—— 热情（enthusiasm）等于使命（mission）乘以现金（cash）和祝贺（congratulations）。

- 有价值的工作，掌控目标的达成——加起来就是使命。
- 为彼此喝彩会给工作带来激情。
- 现金是首要的——你必须先满足物质需求（食物、衣服等），然后再用祝贺来喂饱灵魂。

肯和谢尔顿是下面这些人的狂热粉丝。

来自添惠证券投资有限公司的杰克 · 比尔德，威利 · 萨瑟和约翰 · 彼得森。这“三位维扎塔的智者”是精神、温暖、慷慨和体贴的化身，是共好生活的精华体现。他们的支持、友谊和智慧引领着《共好》从粗糙的草稿最终成为一本书。

桑德拉福特代理公司的桑德拉 · 福特。桑德拉的热情、勤奋和杰出的建议总是为人所称道。

卡莱尔电脑产品公司的德里克 · 约翰逊，他那具有洞察性的看法使本书臻于完美，他那共好的生活和工作态度是所有人的典范。

皇家加拿大证券有限公司的道格拉斯 · D · 埃弗雷特参议员。在将近30年里，他在不同时期分别是谢尔顿的老板、合伙人、导师，同时，他一直是谢尔顿的良师益友。

提出宝贵意见的艾维斯汽车租赁公司的共好向导们：来自澳大利亚的约翰·德拉诺和卢克·梅德利和来自北美团队的比尔·博克斯贝格、汤姆·伯恩斯、罗伯特·卡迪罗、迈克·卡伦、迈克尔·柯林斯、罗斯·奥唐奈、约翰·福赛思、西尔维娅·弗里德、约翰·加拉格尔、艾迪·哈塞尔、拉斯·詹姆斯、邓肯·罗兹、鲍勃·萨勒诺、埃里克·施尼茨勒、约翰·塞勒斯和帕特·悉尼斯卡尔奇。

丰业银行的帕姆·拉·帕姆，她于百忙之中慷慨地抽出时间。她那一针见血的评论使我们思考并改进，《共好》因她而变得更好。

莫罗出版社的拉里·休斯再一次贡献他那耐心呵护一般的支持。当我们陷入困境或者疑惑时，“去问拉里”已经成了我们的集结口号。每次都管用！

扎克·斯奇加尔和威尔·施瓦尔贝是我们在莫罗出版社的编辑，他们应当受到特别的感谢。这两个家伙让写作变得有趣。

玛格丽特·麦克布莱德有限公司的玛格丽特·麦克布莱德、温弗雷德·戈尔登、金·索瑟和明迪·雷森伯格。作为著作代理人，他们的工作就是把手稿转成可呈现的形式，并且在应对出版商时代表我们的利益。从编辑到封面设计，再到（第一百次）解释出版合同中的外文版权条款。他们在必要时死缠烂打，帮助我们有效地传达信息。总而言之，他们是杰出的代理人和值得珍惜的朋友。

鲍勃·尼尔森，在我们写《顾客也疯狂》时，他是一位关键的建言者，现在他的《1001种提高员工积极性的方法》取得了非凡的成功，自己也成了一名畅销商业书作家。现在，这本书正获得相似的成功。我们为你自豪，鲍勃！

伊恩和桑迪·迈克兰蒂斯，泰德和卡洛琳·兰斯比，理查德和希蕾妮·克罗夫特，哈维和桑德拉·塞克特，以及索尔·卡尼，他们是我们的特别支持者，每一位都值得我们真诚地感谢。

贝利木材集团是用“共好团队”向客户提供“狂热粉式的服务®”的典范。我们特别感谢杰夫·迈耶、唐·迈耶、乔治·汤姆森，尤其感谢吉姆·麦考利，他为我们打开了大门。

在田纳科汽车公司，汤姆·伊文思、史蒂夫·斯特罗姆、芭芭拉·波斯纳和保罗·约翰逊都从独特的角度给出了深思熟虑的看法。我们给予他们最热诚的感谢。

在欧洲，贺柏兹股份有限公司的施德乐公司是《顾客也疯狂》的坚定支持者，有几个人还对《共好》做了有价值的反馈。我们感谢德国的尤尔根·利兹博士、洛尔夫·简森和温纳·蓝夫特，美国的比尔·克雷格尔和迈克·卡什。

约翰·福克森，凯马特公司的组织能力副总裁；吉娜·温特，一站式购物公司的技术部副总裁，他们热情地支持了《共好》。肯感谢他们的充沛精力和共好精神。

建筑广场的弗兰克·菲丽丝拉、基斯通福特销售的鲍勃·科兹明斯基、在线商业系统的苏珊·戈尔迪、加拿大轮胎的罗杰·埃默里、加拿大铝业轧材部门的吉姆·迪克森、嘉吉有限公司的凯莉·霍金斯、美特斯工业系统有限公司的唐·卡尔、菲尼克斯垃圾回收公司的克里斯蒂安·巴克曼、精密金属加工的戴夫·华生、多摩汽油的斯图尔特·默里、投资者集团的桑迪·莱利、交流咨询集团的休·戈尔迪、加拿大中心的管理发展总裁珍妮特·史密斯慷慨地给予了他们时间和才智。他们在建议中融入了丰富、实用且可靠的商业经验，当他们读《共好》时，一定会认出自己所做的那一部分贡献。

我们的作品还得益于以下这些人的支持：理查德·安迪森、谢尔顿·伯尼、特雷佛·柯克兰、卡尔·爱斯伯雷纳、雷·凯夫斯、梅尔·拉扎雷克、山姆·林哈特、鲍勃·梅、 迈克尔·诺奇克、莫林·普兰迪威尔、哈特利·理查德森、罗斯·罗宾逊、加里·斯坦曼和吉姆·坦南特。我们感谢他们。

肯的办公室和谢尔顿的办公室里有两个支持团队，它们由埃莉诺·腾德拉普、达娜·凯尔、迪·凯莉、多萝西·莫里斯、比尔·麦克威廉姆斯和丽塔·洛温领导。同时，特别感谢两个才华横溢的男人：被称为“帮你搞定先生”的哈利·保罗和提出睿智意见的彼得·赛考吉欧斯。

我们还要感谢安妮·科尔、丽贝卡·歌德哈特、帕特里夏·福特、苏珊·斯金纳、马克西姆·伍斯特、汤姆·阿内特、玛丽安·内维尔、弗朗西斯·鲍尔斯、杰米·哈奇森、小卡尔·M·詹金斯、马丁·施特劳斯、杰克和贝尔瓦·伦敦、莱尔和安娜·席尔弗曼、吉姆和朱迪·菲尔兹、保罗和卡罗尔·希尔、约翰和莫林·布雷肯、艾迪和玛莎·考恩、杰夫·戈尔夫曼、戈登·韦伯、汉丽埃塔·王尔德、盖伦那·切斯纳特、安娜·德鲁斯、伯特·基尼、马特·考夫曼、保罗·派特里克、菲尔·柏塞尔、理查德·迪马丁尼、詹姆斯·希金斯、米奇·梅林、汤姆·施奈德、克里斯丁·爱德华兹、查尔斯·菲乌梅弗雷多、鲍勃·德维尔、鲍勃·斯坎伦、乔·麦卡林登、约翰·范·霍维伦、杰克·坎普、比尔·麦克马洪、罗伯特·齐莫尔曼、道格·布朗、南希·肯尼迪、凯西·科莫福德、克里斯丁·莫斯、戴维·拉文、凯西·韦勒、理查德·凯利、乔克·图利、克劳德特·格里芬、唐·纽曼、杰克·汤普森、劳里·布丽娜、马克·曼奇尼、唐·提克森、丹·斯蒂文斯、马克·金泽尔、伊恩·索、理查德·斯奈尔、吉姆·巴布科克、比尔·琼斯、迪克·多森、戴维·弗里森、米歇尔·梅皮克、查克·佩顿、阿尼·索尔斯坦森、赫伯特·圣昂格、山姆·卡兹、戴维·约翰斯通、艾德·克诺斯、雨果·索伦森、保罗·洛温、小托尼·盖尔丹、丹尼·霍伯、比尔·法斯特、格伦·西特尼克、史蒂夫·施瓦兹、布鲁斯·汉森、泰德·齐弗斯、让·汉农、约翰·威尔森和才华横溢的作家琼·卢森。

维尼·戴尔、麦克斯·德普利、鲍勃·加尔文、保罗·赫西、斯宾塞·约翰逊、哈维·麦基、迈克尔·奥康纳、汤姆·彼得斯、托尼·罗宾斯、贝斯蒂·桑德斯和卡尔·史威尔，他们全都是杰出的作者，他们的书启发了包括我们在内的千万人。

年过五旬的特殊好处之一，就是有机会让子女们加入到工作中来。史考特和黛比·布兰佳、金斯利和帕蒂·鲍尔斯能加入到我们的工作中来，我们倍感幸运。希望他们享受工作，一切都“共好”。

我们承认我们亏欠各自的妻子马乔里·布兰佳和佩妮·鲍尔斯很多。不论我们过去享受了多少成功，将来还将取得多少成就，全都仰仗她们在逆境时期的不懈支持和在顺境时期的不断鞭策。她们两个都是我们商业生活的一部分，对《顾客也疯狂》和《共好》的成书做出了重要的贡献。她们是我们的东风。

最后，我们把热诚而又卑微的感谢送给佩吉·辛克莱。我们承认，多亏了她，我们才被评价讲述这个故事。能够为传承安迪的遗产出一份力，我们也深感荣幸。我们没能有机会见到安迪本人的遗憾已经反映在了读过手稿（现在当然是书）的读者身上，他们都想见一见安迪。他们问佩吉的名字是不是被修改了，甚至还问安迪是不是一个真实存在的人。这些问题将永远不会得到回答，因为，正如佩吉教我们的，这些是错误的问题。约翰·多恩说过：“不要去问丧钟为谁而鸣，它为你而鸣。”每个人都要面对的问题是，共好之钟是否会为我们而鸣，而不是它为谁而鸣。如果你们共好，那么一切都是实实在在的，佩吉和安迪的身份也就不再重要了。如果你们不是，那也同样不重要。

共好吗，朋友？

肯 · 布兰佳公司服务介绍

肯 · 布兰佳公司®致力于帮助企业领导人和组织创造高水平佳绩。在这本书中提到的观念和建议均出自布兰佳和他的公司，以及为咨询顾问和训练等提供服务的布兰佳网站。这些观念和建议帮助全世界的组织和公司提高工作效率、员工的满意度 和顾客的忠实度。

关于如何将这些观念和方法运用到你的组织和企业，如果你想得到更多的信息，或者你希望获得更多其他服务，或者其他信息，请联系我们：

肯 · 布兰佳 公司

全球总部：美国，加利福尼亚 ，埃斯孔迪多

邮件：international@kenblanchard.com

电话：+1-760-489-5005

亚太地区办事处：新加坡

邮件：Singapore@kenblanchard.com

电话：+65-6775 1030

网址：www.kenblanchard.com

布兰佳国际中国办事处：北京 上海

邮件：info@blanchardchina.com

电话：+86-10 58273388-6123 +86-21 32014888-5001

布兰佳国际中国办事处：台湾

邮件：Taiwan@kenblanchard.com

电话：+886 (2) 87716622

关于作者 **Gung Ho!**

肯·布兰佳（Ken Blanchard）作为一名管理学领域的作家，他的影响十分广泛。他与斯宾塞·约翰逊（Spencer Johnson）合著的全时代畅销商业书《一分钟经理人》(1982）售出了超过900万册，并被翻译成超过25种语言。在1996年全年,《一分钟经理人》出现在《商业周刊》畅销榜上，与其一同出现的还有肯的另外三本新书：与企业家谢尔顿·鲍尔斯合著的《顾客也疯狂》(*Raving Fans: A Revolutionary Approach to Customer Service*)(1993)、与美国橄榄球联盟传奇教练唐·舒拉（Don Shula）合著的《每个人都是教练》(*Everyone's a Coach*)、与咨询伙伴约翰·卡洛斯（John Carlos）和阿兰·兰道夫（Alan Randolph）合著的《授权不只花一分钟》(*Empowerment Takes More Than a Minute*)。没有其他作者曾在一年里同时有四本书登上这个权威榜单。

布兰佳是布兰佳培训与发展公司——一家提供全方位服务的咨询与培训公司的主席，他与妻子马乔里在1979年共同创立了这家公司。布兰佳夫妇为他们的女儿黛比和儿子史考特也在他们的公司中表现活跃而感到自豪。肯是他的母校康奈尔大学的访问讲师，他也是该大学的名誉董事。

布兰佳一家住在圣迭戈。

谢尔顿 · 鲍尔斯（Sheldon Bowles）是一位成功的企业家，《纽约时报》和《商业周刊》畅销书作者，知名演讲人。他最初是一名报社记者，后来成为皇家加拿大证券的副总裁，然后任职多摩石油的总裁兼CEO。他与合伙人参议员道格拉斯 · 埃弗雷特一起将那家公司打造成了加拿大最大的石油零售商。在竞争对手们转向自助服务的当时，他与共好员工们通过以“跳到泵”为特征的主动服务取得了成功。

在离开多摩后，谢尔顿与三位合伙人将一个小型制造工厂变成了价值数百万美元的公司。现在，谢尔顿与听众分享他那来之不易的关于什么有用、什么没用的经验，或在他与肯 · 布兰佳合著的《顾客也疯狂》和现在的《共好》中与读者分享。

谢尔顿被哈维 · 麦凯（Harvey Mackay）称为“客户服务的传奇”；被鲍勃 · 尼尔森（Bob Nelson）称为“激励员工的大师”被肯 · 布兰佳称为“有极大的实用价值兼具启发性和娱乐性的演讲家”。听众觉得他启发智慧、鼓舞人心、妙趣横生；公司同事形容他对双赢思维、行动和成功有无限的热情；朋友们作证说，他有着从任何情境中发现幽默和人生感悟的能力。

谢尔顿和妻子佩妮、孩子金斯利和帕蒂住在温尼伯。